Martin Krake

Maremonto Reise- und Wanderführer

Fuerteventura

Martin Krake

Maremonto Reise- und Wanderführer: Fuerteventura

1. Auflage 2017

ISBN: 978-3-9503696-6-3

© 2017 Maremonto Reiseverlag e.U.
Zahnradbahnstraße 23/15
1190 Wien, Österreich

Firmenbuchnummer 403707m
beim Handelsgericht Wien

info@maremonto.com
www.maremonto.com

Recherche und Text:	Martin Krake, Wien
Straßenkarten:	© OpenStreetMap und Mitwirkende, CC-BY-SA
Reliefkarten und topogr. Karten:	Toursprung.com, Daten von OpenStreetMap und Mitwirkenden, CC-BY-SA
Druck:	R12 Spannbauer Ges.m.b.H. & Co KG, Fockygasse 29-31, 1120 Wien
Verlags- und Herstellungsort:	Wien

Alle Fotos von Martin Krake, außer:

- S. 12 oben: nito/fotolia.com
- S. 13: istockphoto.com/pawopa3336
- S. 28: fotolia.com/Johannes D. Mayer
- S. 29 oben: istockphoto.com/irinabal18
- S. 29 unten: istockphoto.com/MikeLane45
- S. 30 oben: fotolia.com/tonymills
- S. 30 Mitte: fotolia.com/edward-m
- S. 30 unten: Johnny Madsen, Alamy Stock Photo
- S. 31 oben: Wildscotphotos, Alamy Stock Photo
- S. 31 unten: fotolia.com/Romuald
- S. 59: histor. Foto, Autor unbekannt
- S. 61 oben: zm_photo/Fotolia.com
- S. 70: Grafik von J. F. Gaudérique Llanta, 1833
- S. 79: histor. Foto, Autor unbekannt
- S. 80: istockphoto.com/larthvader
- S. 98 (beide): Volcano Bikes
- S. 109: pkazmierczak/Fotolia.com
- S. 118: istockphoto.com/gionnixxx
- S. 119: Thierry Guimbert/Fotolia.com

Alle in diesem Buch enthaltenen Informationen wurden sorgfältig recherchiert. Fehler sind dennoch nie auszuschließen, außerdem können sich die Gegebenheiten seit der Recherche natürlich verändert haben. Daher rechtfertigen ungenaue oder falsche Angaben keine Ersatzansprüche.

Inhaltsverzeichnis

Einleitung			**6**
	Die Wüsteninsel		6
	Tipp: Museen auf Fuerteventura		8
	Geografie und Landschaft		9
	Thema: Fuerteventura als Filmlocation		10
	Klima und Reisezeit		11
	Thema: Fuerteventuras Spezialitäten		12
	Anreise und Unterkünfte		14
	Mobilität		14
	Wandern und Mountainbiking		16
	Im Detail: Mountainbiking auf Fuerteventura		17
Teil 1: Der Norden			**19**
1.1.	Corralejo	• • • ◦	20
	Straßenkarte: Corralejo		23
	MTB-Tipp: Easy Riders Bikecenter		24
1.2.	El Jable	• • • ◦	24
	Übersichtskarte: El Jable		27
	Thema: Wüstenvögel auf Fuerteventura		28
1.3.	Isla de Lobos	• • ◦ ◦	32
	Übersichtskarte: Isla de Lobos		34
1.4.	El Cotillo	• • • ◦	36
	Übersichtskarte: El Cotillo und Umgebung		38
1.5.	Calderón Hondo	• • ◦ ◦	41
	Thema: Atlashörnchen		42
1.6.	Cueva del Llano	• ◦ ◦ ◦	44
1.7.	La Oliva	• • • ◦	45
	Thema: Die Coroneles		46
	Straßenkarte: La Oliva		48
1.8.	Playa de Tebeto und Playa de Jarugo	• • ◦ ◦	50
	Thema: Montaña Tindaya		52
1.9.	Ecomuseo de La Alcogida	• • • ◦	54
1.10.	Puerto del Rosario	• • ◦ ◦	56
	Straßenkarte: Puerto del Rosario		58
	Thema: Miguel de Unamuno		59
Teil 2:	**Die Mitte**		**61**
2.1.	Mirador de Morro Velosa	• • • ◦	62
	Thema: Die Guanchen		63
2.2.	Betancuria	• • • ◦	65
	Straßenkarte: Betancuria		66

Inhaltsverzeichnis

	Thema: Fuerteventuras Geschichte		70
2.3.	Rund um Vega de Río Palmas	••••	73
	Tipp: Rundfahrt durch das Bergland		75
2.4.	Pájara	••••	76
2.5.	Cuevas de Ajuy	••••	77
	Thema: Das Wrack der „American Star"		79
2.6.	Museo del Queso Majorero	••••	81
2.7.	Windmühlenmuseum Tiscamanita	••••	82
	Thema: Windmühlen auf Fuerteventura		83
2.8.	Caleta de Fuste	••••	86
2.9.	Salinas de El Carmen	••••	87
2.10.	La Atalayita und Pozo Negro	••••	88
2.11.	Gran Tarajal und Las Playitas	••••	90

Teil 3:	**Der Süden**		**93**
3.1.	Oasis Park	••••	94
3.2.	Costa Calma	••••	96
	MTB-Tipp: Volcano Bikes		97
3.3.	Playa de Sotavento	••••	99
	Übersichtskarte: Playa de Sotavento		101
3.4.	Jandía und Morro Jable	••••	102
	Übersichtskarte: Jandía/Morro Jable		105
3.5.	Halbinsel Jandía	••••	106
	Übersichtskarte: Halbinsel Jandía		110
	Thema: Die Villa Winter		113

Teil 4:	**Lanzarote**	••••	**115**
	Im Detail: Rundfahrt auf Lanzarote		117
4.1.	Parque Nacional de Timanfaya		118
	Thema: Die Vulkankatastrophe des 18. Jahrhunderts		122
4.2.	Parque Natural de los Volcanes		124
4.3.	La Geria		127
4.4.	Von El Golfo nach Janubio		130
	Tipp: Kombi-Urlaub		133

••••	*top, unbedingt machen!*	„Pflicht oder nicht": Das System
•••	*sollte man erlebt haben*	zur Bewertung der Attraktivität
••	*nette Abwechslung*	sagt Ihnen auf einen Blick, ob sich
•	*man versäumt nicht viel*	der Weg lohnt!

Die Wanderungen und Mountainbike-Touren — **134**

Tourendetails und Bewertungssystem		136
Wanderung 1:	Rund um die Isla de Lobos	137
MTB-Tour 1:	Nordküstenrundfahrt	141
MTB-Tour 2:	Von Lajares über La Oliva nach El Cotillo	147
MTB-Tour 3:	Von Tindaya nach El Puertito de los Molinos	153
MTB-Tour 4:	Von Tindaya zur Playa de Jarugo	158
Wanderung 2:	Von Vega de Río Palmas zur Ermita de la Peña	161
Wanderung 3:	Kammwanderung über Vega de Río Palmas	164
Wanderung 4:	Von Tiscamanita auf die Gran Montaña	168
Wanderung 5:	Über den Istmo de la Pared	171
Wanderung 6:	Auf den Pico de la Zarza	175
Wanderung 7:	Über die Degollada de Cofete	179

Tipps für Mountainbiker finden Sie auf den folgenden Seiten: 17, 24, 97, 111, 139, 173 und 178.

Die Recherche für dieses Buch wurde unterstützt von:

Easy Riders Bikecenter
Corralejo
www.easyriders-bikecenter.com

Volcano Bike Fuerteventura
Costa Calma · Jandía
www.volcano-bike.com

GPS-Daten

Dieser Reiseführer stellt für alle erwähnten Orte GPS-Daten zur Verfügung. Die Koordinaten sind im Format Grad/Dezimalgrad angegeben. Datenpakete mit Wegpunkten für alle Ziele sowie Tracks zu den Wanderungen können in verschiedenen Dateiformaten kostenlos heruntergeladen werden:

www.maremonto.de/gps/fuerteventura.zip

Die Wüsteninsel

Die südöstlichste der Kanarischen Inseln ist in erster Linie als Strand- und Badeziel bekannt. Und das mit gutem Grund: Auf keiner anderen Insel des Archipels gibt es so viele, so schöne und so weitläufige Sandstrände wie auf Fuerteventura! Viele davon erstrecken sich über mehrere Kilometer, und neben den gut erschlossenen Stränden der Ferienorte gibt es zahlreiche einsame, naturbelassene Strände fernab jeglicher Siedlung. Wer Strand und Sonne liebt, wird also reichlich bedient – ebenso wie die Surfer, die Fuerteventura als eines der besten Reviere Europas schätzen.

Davon abgesehen jedoch zeigt sich die Insel auf den ersten Blick spröde und unnahbar: Fuerteventura ist durchgehend wüstenhaft karg, die Vegetation spärlich, das Landesinnere wirkt abweisend und eintönig. Als ein „im Atlantik verlorenes Stückchen der afrikanischen Savanne" beschrieb der Schriftsteller Miguel de Unamuno (▶ Seite 59) die Insel. Diese poetische Aussage hat einen wahren Kern: Geografisch gehören die Kanarischen Inseln zu Afrika, und nirgendwo sonst wird das so deutlich wie auf Fuerteventura. Der Grund dafür ist das Klima: Die Regenfälle sind hier weitaus geringer als auf den westlich gelegenen Nachbarinseln. Dadurch ähnelt die Landschaft Fuerteventuras den Randgebieten der gar nicht so weit entfernten Sahara, und viele der hier vorkommenden Tiere und Pflanzen sind echte Wüstenspezialisten.

In historischen Zeiten war der Wassermangel ein ständiges Problem: Über viele Jahrhunderte bildeten die dürftigen Regen-

Rund um die Insel gibt es zahllose gut erschlossene oder völlig naturbelassene Strände.

fälle des Winters, die in Zisternen gesammelt wurden, die einzige Wasserquelle. Während auf Gran Canaria und Teneriffa die Kultivierung von Zuckerrohr und Wein zumindest einer Oberschicht Wohlstand und Reichtum brachte, war auf Fuerteventura außer kärglichem Getreideanbau, Ziegenzucht und Fischfang kaum etwas zu machen. Bis weit ins 20. Jahrhundert hinein war die Insel als Wohnsitz unbeliebt, die wirtschaftliche Entwicklung blieb dürftig und die Bevölkerungszahl niedrig. Daher fallen die Zeugnisse der Geschichte hier weitaus bescheidener aus als auf den anderen Kanareninseln, und auch historisch bedeutende Ortschaften wie La Oliva (➤ Seite 45) oder Betancuria (➤ Seite 65) haben eine dörfliche Atmosphäre. Echte Großstädte gibt es bis heute nicht, selbst die Hauptstadt Puerto del Rosario (➤ Seite 56) ist keine wirkliche Metropole.

Auf den ersten Blick scheint es also jenseits der Strände und Ferienorte nicht wirklich etwas zu entdecken zu geben. Doch das täuscht: Rundfahrten durch das Bergland um Betancuria (➤ Seite 73) oder über die Pisten der Halbinsel Jandía (➤ Seite 106) sind eindrucksvolle Erlebnisse, und es gibt auch auf Fuerteventura einige sehr interessante historische und kulturelle Sehenswürdigkeiten. In den letzten Jahren hat man sich viel Mühe gegeben, diese zu erhalten, zu restaurieren und für Touristen aufzubereiten, um das Image der Insel als reine Stranddestination zu ändern. Die im Landesinneren gelegenen historischen Städte blieben vom modernen Tourismus weitgehend unbeeinflusst und wurden kaum verbaut. Hier sind bedeutende Gebäu-

Die Kirchen von Betancuria (oben) und La Oliva (rechts) sind bedeutende Kulturdenkmale.

de wie die Kirche von Betancuria (▶ Seite 65), die Casa de los Coroneles in La Oliva (▶ Seite 45) oder die zahlreichen typischen Windmühlen (▶ Seite 83) vorbildlich restauriert und der Öffentlichkeit zugänglich gemacht worden. Auch die historischen Handwerkstechniken werden heute wieder verstärkt ausgeübt, und auf der ganzen Insel sind kleine Museen entstanden, die spezielle Themen der lokalen Kultur anschaulich machen.

> ### Tipp: **Museen auf Fuerteventura**
>
> An vielen Orten Fuerteventuras, insbesondere im ländlich geprägten Inselzentrum, wurden in den letzten Jahren kleine Museen eröffnet, die einen Einblick in die lokale Kultur und Geschichte geben. Sie sind alle auf jeweils ein bestimmtes Thema spezialisiert: Der Bogen spannt sich von der Fischerei über Windmühlen bis zur Salzgewinnung, sogar dem traditionellen Ziegenkäse ist ein eigenes Museum gewidmet. Das Netzwerk *Artesanía y Museos de Fuerteventura* („Kunsthandwerk und Museen von Fuerteventura") übernimmt die gemeinsame Promotion. Auf der Webseite gibt es eine Übersicht mit Karte und allen Details, auf der Insel bekommt man einen Folder mit den wichtigsten Informationen.
>
> Die Ausstellungen sind in der Regel sehr modern, informativ und anschaulich konzipiert, dabei aber eher klein, so dass man selbst für eine intensive Beschäftigung mit dem Thema selten mehr als eine Stunde braucht. Auch wenn hin und wieder ein paar kleine Schwächen spürbar werden (so sind die
>
>
> *Kleine Museen widmen sich speziellen Themen.*
>
> Informationen nicht immer auf Deutsch oder zumindest Englisch verfügbar, und gelegentlich ist ein Haus ohne nähere Begründung „cerrado temporalmente", also „vorübergehend geschlossen"), sind die Museen dieses Netzwerks eine großartige Möglichkeit, einen Einblick in die lokale Kultur zu erhalten!
>
> *www.artesaniaymuseosdefuerteventura.org*

Geografie und Landschaft

Fuerteventura ist mit einer Fläche von 1660 Quadratkilometern und einer maximalen Länge von rund 97 Kilometern die zweitgrößte der Kanareninseln, nur übertroffen von Teneriffa. Die Landschaften sind weitläufig und wüstenhaft und werden überwiegend von sanften Bergen geprägt, die Gipfelhöhen von einigen hundert Metern erreichen. Wie alle Kanareninseln ist auch Fuerteventura vulkanischen Ursprungs; diese Tatsache fällt hier jedoch wenig ins Auge, da die Insel bereits vor vielen Millionen Jahren entstand und damit geologisch recht alt ist. In dieser Zeit wurden die Vulkane von der Erosion sehr stark abgetragen und zu den typischen flachen Kuppen gerundet, die heute das Bild der Insel bestimmen.

Die Landschaften sind auf der ganzen Insel recht ähnlich, der Norden und der Osten sind aber insgesamt etwas flacher als der Westen und der Süden. Das Bergland um Betancuria im mittleren Westen erreicht Gipfelhöhen um 600-700 Meter, im äußersten Südwesten läuft Fuerteventura mit der schmalen Halbinsel Jandía aus. Die Halbinsel wird von einem Gebirgszug mit felsigen Hängen durchzogen, zu dem auch der höchste Gipfel der Insel, der 807 Meter hohe Pico de la Zarza, gehört. Durch die geringen Niederschläge (➤ Seite 11) wird Fuerteventura von Trockensteppen und niedrigem Buschwerk geprägt, Wälder gibt es nicht. Die meisten Pflanzen sind speziell an die Trockenheit angepasste Spezialisten.

Mit einer Gesamteinwohnerzahl von rund 110.000 ist Fuerteventura ziemlich dünn besiedelt – das sind nur 66 Menschen pro Quadratkilometer. Zum Vergleich: Auf Teneriffa sind es über 400, auf Gran Canaria sogar mehr als 500! Die Besiedelung konzentriert sich auf die Osthälf-

Die Landschaft ist überwiegend karg und wüstenhaft.

te der Insel mit der knapp 30.000 Einwohner zählenden Hauptstadt Puerto del Rosario als Zentrum. Im Landesinneren gibt es eine Reihe kleinerer Ortschaften, die windige und schroffe Westküste ist fast unbesiedelt.

Sandstrände gibt es vor allem im Norden um Corralejo und El Cotillo sowie im äußersten Süden auf beiden Seiten der Halbinsel Jandía, hier befinden sich daher auch die größten Ferienzentren. Die mittlere Ostküste zwischen Puerto del Rosario und Gran Tarajal hat nur wenige und größtenteils nicht wirklich attraktive Strände zu bieten. An der Westküste gibt es viele sehr einsame und völlig unverbaute Strände, die allerdings wegen der meist starken Brandung und den schwer einschätzbaren Strömungen zum Baden nicht gut geeignet sind.

An der Westküste gibt es viele unerschlossene Strände.

Thema: **Fuerteventura als Filmlocation**

Dass Fuerteventura landschaftlich große Ähnlichkeit mit Nordafrika hat, überzeugte auch Ridley Scott: Von November 2013 bis Januar 2014 drehte der amerikanische Regisseur, der vor allem mit Science-Fiction-Klassikern wie „Blade Runner" oder „Alien" zur Legende geworden ist, entscheidende Schlüsselszenen seines Bibelepos „Exodus: Götter und Könige" auf Fuerteventura. Die wichtigsten Drehorte waren die Gegend um Corralejo (➤ Seite 20) und El Cotillo (➤ Seite 36), die Montaña Tindaya (➤ Seite 52) sowie die Halbinsel Jandía (➤ Seite 106). Dort wurden – mit Unterstützung von Hunderten einheimischen Statisten sowie den Kamelen des Oasis Parks (➤ Seite 94) – der Auszug der Israeliten aus Ägypten und die Teilung des Roten Meeres visualisiert.

www.filmtourismus.de/exodus

Klima und Reisezeit

Die Kanarischen Inseln sind nicht weit von der Küste des afrikanischen Festlands entfernt und liegen ungefähr auf Höhe der Südgrenze Marokkos. Durch diese subtropische Lage gibt es hier das ganze Jahr über ein warmes, ausgeglichenes Klima mit guten Chancen auf Badewetter sogar zu Weihnachten. Der umgebende Atlantik sorgt andererseits dafür, dass es auch im Sommer in der Regel nicht übermäßig heiß wird: Meist liegen die Tageshöchstwerte im Winter zwischen 15 und 20 Grad und im Sommer bei 25-30 Grad. Die Wassertemperaturen sind freilich im Herbst deutlich höher als im Frühjahr oder Frühsommer, weil sich der Atlantik nur langsam erwärmt: So liegt die durchschnittliche Temperatur im Mai bei 18, im September und selbst im Oktober dagegen bei 22 Grad! Die Kanaren sind also grundsätzlich ein Reiseziel für das ganze Jahr; Touristen aus Mitteleuropa bevorzugen die Monate Oktober bis April, weil man dann auf unkomplizierte Art dem heimischen Winter entfliehen kann, ohne zu große Hitze befürchten zu müssen. Im Sommer kommen dagegen überwiegend Besucher vom spanischen Festland, weil es dann auf den Kanaren kühler ist als zu Hause.

In diesem Bereich des Atlantiks weht die meiste Zeit über ein beständiger, sanfter Wind aus Richtung Nordost, der Passat. Er treibt feuchte Meeresluft und Wolken heran, die jedoch von den relativ niedrigen Bergen Fuerteventuras nicht aufgehalten werden und meist ungehindert über die Insel hinwegziehen – anders als etwa auf Gran Canaria oder Teneriffa. Daher regnet es auf Fuerteventura sehr wenig, nur zwischen 100 und 200 Millimetern pro Jahr (in Deutschland sind es im Durchschnitt fast 800). Der größte Teil des Niederschlags fällt zwischen Oktober und März, die Sommermonate sind praktisch regenlos. Das bedeutet andererseits jedoch nicht, dass es immer sonnig ist: Vor allem im Winter sind Wolken durchaus häufig.

Zu den besonderen Klimaphänomenen der Kanaren gehört die Calima: Hin und wieder kehren sich die üblichen Luftströmungen um, und trockene und sehr warme Luft aus der Sahara weht herüber. Während einer Calima ist es fast windstill und sehr heiß mit Temperaturen um 30-35 Grad. Die große Hitze verursacht einen dichten, zähen Dunst, und gelegentlich trägt der Wind auch feinen Staub aus der Sahara herüber. Diese Situation kann während des ganzen Jahres auftreten, ist im Sommer jedoch viel häufiger. Eine Calima wird von den meisten Menschen als unangenehm empfunden, ist aber in der Regel nach wenigen Tagen vorüber.

Thema: Fuerteventuras Spezialitäten

Wie auf einer Insel nicht anders zu erwarten, baut die Küche Fuerteventuras in erster Linie auf **Fischgerichten** auf. Die Standard-Zubereitung heißt „a la plancha", bei der der Fisch auf einer heißen Metallplatte gegart wird. Wer etwas Besonderes möchte, sollte den „pescado a la sal" probieren: Dabei wird der Fisch im Ganzen in einer dicken Kruste aus Salz gebacken. Das macht ihn wunderbar zart, salzig wird er dadurch jedoch keineswegs. Eine Alternative zum Fisch sind die traditionellen Gerichte aus **Ziegenfleisch**, das gegrillt, gebraten oder im Ofen gebacken wird.

Als Beilage werden meist **Papas Arrugadas** serviert, kleine Kartoffeln, die im Ganzen und mit Schale in einer starken Salzlake gekocht und mit einer leichten Salzkruste überzogen serviert werden. Auf keinen Fall schälen, da würde viel verloren gehen! Dazu gibt es zwei verschiedene Saucen: die grüne *Mojo Verde* und die rote *Mojo Rosso*. Beide bestehen aus Olivenöl und reichlich Knoblauch, die milde grüne Variante wird mit Kräutern, die etwas schärfere rote mit Paprika gewürzt. Papas Arrugadas sind auf allen Kanareninseln üblich und nicht auf Fuerteventura beschränkt.

Papas Arrugadas werden als Standard-Beilage serviert.

Eine weitere gesamtkanarische Spezialität ist **Gofio**, ein Mehl aus geröstetem Getreide. Es war schon bei den Ureinwohnern, den Guanchen (> Seite 63), ein wichtiges Lebensmittel und ist bis heute aus der kanarischen Küche nicht wegzudenken. Damit ist es eine der wenigen kulturellen Hinterlassenschaften der Ureinwohner, die sich bis in die Gegenwart erhalten haben! Mit seinem

Gofio ist ein kulturelles Erbe der Ureinwohner.

Thema: Fuerteventuras Spezialitäten

eigenwilligen, etwas nussigen Geschmack kann es sehr vielseitig verwendet werden: als Zugabe zu einem deftigen Eintopf ebenso wie in Süßspeisen, manchmal bekommt man sogar Gofio-Eis. Die Körner (ursprünglich nur Gerste und Weizen, später wurde Mais üblich) werden zunächst geröstet und dann zu Mehl vermahlen. Heute wird Gofio industriell produziert und ist auf den Inseln in jedem Supermarkt zu haben. Manchmal findet man es im Hotel am Frühstücksbuffet; probieren Sie es mit Milch und etwas Honig verrührt!

Der besondere Stolz der Insel ist der typische Ziegenkäse, der **Queso Majorero**. Ziegen waren über Jahrhunderte die vorherrschenden Nutztiere auf Fuerteventura, da sie die kargen Ressourcen am besten nutzen können. Im Lauf der Zeit züchteten die Bauern sogar eine eigene Rasse, die Majorera-Ziege, die sich später auch auf anderen Kanareninsel verbreitete. Um ihre Milch haltbar zu machen, wurde sie zu Käse verarbeitet. Aus dem einstigen Arme-Leute-Lebensmittel ist heute eine landestypische Spezialität geworden, die mit Stolz präsentiert wird: Der Name ist eine geschützte Ursprungsbezeichnung, und in Antigua (▶ Seite 81) hat man dem Queso Majorero sogar ein eigenes Museum gewidmet! Mit Formen aus geflochtenen Palmblättern und gerillten Brettchen, die ein charakteristisches Oberflächenrelief hinterlassen, werden runde Laibe mit einem Durchmesser von 15-35 Zentimetern gepresst. Die Außenseite wird mit Salz, manchmal auch zusätzlich mit Gofio oder Paprika eingerieben, was unterschiedliche Farben ergibt. Künstliche Farbstoffe und andere chemische Zusätze sind nicht gestattet. Es gibt drei verschiedene Reifegrade: Der weiße und sehr milde *tierno* ist 8-20 Tage gereift, der mittelalte *semicurado* drei Wochen bis zwei Monate und der würzige, kräftige *curado* zwei Monate und länger.

Die spezielle Verarbeitung ergibt die charakteristische Form der Käselaibe.

Einleitung – Anreise und Unterkünfte

Anreise und Unterkünfte

Von vielen Städten in Deutschland, Österreich und der Schweiz werden Direktflüge nach Fuerteventura angeboten (meist einmal pro Woche), während der Hauptreisezeit von Oktober und April gibt es mehr Verbindungen als im Sommer. Die Flugzeit beträgt üblicherweise 4-5 Stunden. Der Flughafen befindet sich wenige Kilometer südlich der Inselhauptstadt Puerto del Rosario an der Ostküste, der internationale Flughafencode ist FNC.

Fuerteventura hat drei große Ferienzentren: Corralejo im äußersten Norden (➤ Seite 20) und Costa Calma (➤ Seite 96) sowie Jandía/Morro Jable (➤ Seite 102) im äußersten Süden. Dazu kommen noch kleinere Touristenorte wie El Cotillo im Nordwesten (➤ Seite 36) und Caleta de Fuste an der mittleren Ostküste (➤ Seite 86). Neben den üblichen Hotels und Ferienclubs gibt es zahlreiche Apartmentanlagen, eine preisgünstige Alternative sind die kleinen Hostales und privaten Unterkünfte. Alle Touristenorte haben großzügige und schöne Badestrände; mehr Details dazu und zur Atmosphäre finden Sie in den jeweiligen Kapiteln. Eine Möglichkeit, ein Hotelzimmer oder Apartment individuell zu buchen, sind Portale wie *www.booking.de* oder *www.hotel.de*, die umfassende Preisvergleiche und sofortige Buchungen ermöglichen. Die meisten Hotels akzeptieren auch Buchungen für einzelne Nächte, so dass Sie Ihren Urlaub an verschiedenen Orten verbringen können und nicht auf Pauschalangebote angewiesen sind.

Mobilität

Die öffentlichen **Busse** auf Fuerteventura werden vom Verkehrsbetrieb TIADHE unterhalten. Liniendichte und Fahrtfrequenz sind in den verschiedenen Regionen der Insel sehr unterschiedlich: So ist die dicht besiedelte Ostküste bestens versorgt, und auch die großen Urlaubsorte haben eine sehr gute Anbindung; sowohl von Corralejo als auch von Morro Jable und Costa Calma fahren die Busse mindestens einmal pro Stunde Richtung Puerto del Rosario, auch zum Flughafen kommt man recht gut. Darüber hinaus hat noch die zentrale Nordost-Südwest-Achse über Antigua und Tuineje einen recht dichten Fahrplan, kleine und abgelegene Orte, vor allem im Westen, werden dagegen nur wenige Male pro Tag angefahren – wenn überhaupt. Die meisten Linien fahren nach Puerto del Rosario, gegebenenfalls muss

Einleitung – Mobilität

man hier umsteigen. Fahrpläne und einen Liniennetzplan gibt es auf *www.tiadhe.com*; auf der Seite „Abfahrtszeiten" findet man einen Link zu einem nützlichen Kompaktfahrplan mit allen Linien als PDF.

Eine Sightseeing-Tour ins Landesinnere per Bus zu organisieren, ist allerdings eher schwierig: So wird etwa die populäre Strecke durch das Bergland um Betancuria nur drei Mal täglich befahren. Um alle Freiheiten bei Ausflügen und Besichtigungen genießen zu können, ist ein **Mietwagen** daher kein Luxus. Die Preise sind recht günstig, die Fahrzeuge allgemein in gutem Zustand. Das Straßennetz auf Fuerteventura ist sehr gut ausgebaut, und durch den geringen Verkehr ist das Autofahren völlig unproblematisch. Vermietstationen gibt es außer am Flughafen auch in vielen Touristenorten, so dass man sich auch nach der Anreise noch entschließen kann, ein Fahrzeug zu mieten. Die meisten Stationen hat der große lokale Vermieter Cicar *(www.cicar.com)*, der mit guter Servicequalität punktet. Für einen Preisvergleich sind Portale wie *www.autoeurope.de* nützlich. Für die Anmietung brauchen Sie ein gültiges Ausweisdokument und natürlich einen Führerschein, die meisten Vermieter setzen auch eine Kreditkarte voraus (bei Cicar geht es auch ohne). Eine vorherige Reservierung ist ratsam, vor allem, wenn Sie ein spezielles Fahrzeug (wie Kombi, Minibus oder Cabrio) wünschen. Ein Geländewagen macht nicht wirklich Sinn; zwar sind viele Strecken zu interessanten Zielen wie die Strände südlich von El Cotillo (▶ Seite 38) oder die Halbinsel Jandía (▶ Seite 106) nicht asphaltierte Pisten, doch sind diese in so gutem Zustand, dass sie auch mit einem Straßenauto problemlos zu befahren sind. Echte Geländefahrten sind alleine schon aus Naturschutzgründen nicht vertretbar.

Parkverbote sind durch farbige Markierungen gekennzeichnet: Bei einer weißen Markierung (oder gar keiner Markierung) ist das Parken erlaubt und kostenlos, bei einer blauen ist es kostenpflichtig (was auf Fuerteventura allerdings selten ist). Auf gelb markierten Flächen oder bei gelben Markierungen am Straßenrand darf überhaupt nicht geparkt werden. Die Alkoholgrenze liegt bei 0,5 Promille, eine allgemeine Lichtpflicht gibt es nicht, das Tempolimit liegt bei 90 km/h auf Landstraßen und 50 in Ortschaften. Beim Überholen von Radfahrern muss man (auch wenn das in der Praxis meist vernachlässigt wird) einen Mindestabstand von 1,5 Metern einhalten. In Spanien ist der Service durch einen Tankwart üblich. Benzin heißt „Gasolina", Diesel „Gasóleo", die Farbmarkierungen an den Tankstellen sind wie gewohnt: Benzin ist grün, Diesel schwarz.

Wandern und Mountainbiking

Anders als die westlich gelegenen Kanareninseln ist Fuerteventura nicht als Wanderziel bekannt: Zu groß sind die Entfernungen in den weiten, offenen Landschaften, zu wenig scheint es dort zu entdecken zu geben. Zugegeben, Fuerteventura ist als Wanderziel weitaus weniger geeignet als etwa Teneriffa, und für einen echten Wanderurlaub sind die Möglichkeiten einfach zu eingeschränkt. Dennoch bieten sich insbesondere im Bergland um Betancuria und auf der bergigen Halb-insel Jandía im äußersten Süden eine Reihe reizvoller Optionen für kurze bis mittellange Touren, die maximal einen halben Tag füllen, und auch technisch sind die Wege überwiegend einfach. Leider gibt es auf Fuerteventura kaum markierte Wanderwege; der Fernwanderweg GR 131, der die ganze Insel von Norden nach Süden durchquert, wurde zwar vorbildlich mit zahllosen Wegweisern versehen, lässt sich für kürzere Touren und Rundwanderungen jedoch höchstens abschnittsweise nutzen.

Eine ausgesprochen interessante Alternative – oder auch Ergänzung – zum Wandern ist das Montainbiking! Die weiten, offenen Landschaften Fuerteventuras sind von zahlreichen unbefestigten Pisten durchzogen. Damit ist insbesondere der recht flache Nordteil der Insel prädestiniert für Entdeckungstouren mit dem Mountainbike: Die Pisten sind auch für weniger geübte Fahrer gut zu bewältigen, der Anspruch an die Kondition hält sich in Grenzen. Mit dem MTB kann man hier fantastische Entdeckungsfahrten zu einsamen Stränden und durch außergewöhnliche Landschaften unternehmen, die mit dem Auto nicht zugänglich und für eine Wanderung zu weitläufig sind. In diesem Buch sind die

Die Pisten des Inselnordens sind fürs Mountainbiking prädestiniert!

schönsten MTB-Touren ausführlich beschrieben; alle haben Fahrzeiten von wenigen Stunden und lassen reichlich Zeit für Besichtigungen und Strandpausen.

Grundsätzlich gilt: Der Norden Fuerteventuras (von Corralejo bis in die Gegend von Tefía) ist besser für Radtouren geeignet, da die Landschaft hier verhältnismäßig flach und von vielen Pisten durchzogen ist und sich viele abgelegene Küstenabschnitte und Strände mit dem MTB optimal erkunden lassen. Für Wanderungen sind die Entfernungen hier zu groß, und es gibt zu wenig Abwechslung. Die Mitte und der Süden (ab Betancuria) sind dagegen besser zum Wandern geeignet, da die Landschaft hier deutlich bergiger ist; die wenigen Pisten sind steil und mit dem Rad nur für sehr geübte und sportliche Fahrer zu bewältigen. Wer richtig viel von der Insel erleben will, kombiniert die MTB-Touren im Nordteil mit den Wanderungen im zentralen Bergland und im Süden!

> *Spezielle Tipps für Mountainbiker sind in diesem Buch als **MTB-Tipps** gekennzeichnet!*
>
> MTB-Tipp

Im Detail: **Mountainbiking auf Fuerteventura**

Die meisten Fluggesellschaften nehmen Fahrräder für einen geringen Aufpreis mit, erkundigen Sie sich aber vorher nach den genauen Bedingungen! Eine Alternative sind Mieträder: In allen größeren Ferienorten kann man Mountainbikes mieten. Achten Sie aber bei der Abholung auf den technischen Zustand der Räder: Insbesondere die Bremsen sind ein Schwachpunkt, denn nicht alle Vermieter achten auf eine ordentliche Wartung! Easy Riders in Corralejo (▶ Seite 24) und Volcano Bikes in Costa Calma (▶ Seite 97) haben sehr gute und technisch einwandfreie Räder in verschiedenen Preislagen, außerdem gibt es dort deutschsprachige Beratung mit Tourentipps und auf Wunsch auch eine Zustellung zum Hotel.

Sofern man abseits asphaltierter Straßen fahren will, ist ein Mountainbike unbedingt nötig, mit einem Straßenrad kommt man nicht weit. Für die meisten Fahrer ist die einfachste und günstigste Kategorie ausreichend; eine Vorderradfederung ist auch hier üblich, Scheibenbremsen bringen gegenüber Felgenbremsen keinen wirklichen Vorteil und sind daher kein Muss. Spezialräder wie die sogenannten „Fullys" mit Hinterradfederung sind deutlich teurer und machen nur für anspruchsvolle, geübte Fahrer Sinn, ein Fatbike mit extra breiten Reifen ist nur auf extrem sandigen Pisten von Vorteil. Der Preis für ein Mietrad schwankt zwischen 8 und 25 Euro pro Tag; generell sind längerfristige Mieten (ab 4-5 Tagen) in Relation deutlich günstiger als ein- oder zweitägige Anmietungen.

Verkehrsregeln

Die spanischen Verkehrsregeln sind Radfahrern gegenüber durchaus freundlich: Grundsätzlich darf man überall fahren, auch auf Pisten und sogar auf Fußpfaden. Nur wenige Gebiete sind (meist aus Naturschutzgründen) gesperrt, diese dürfen dann allerdings auch zu Fuß nicht betreten werden und sind deutlich beschildert. Ganz wichtig: In Spanien gilt eine generelle Helmpflicht für Radfahrer! Ausgenommen sind nur Erwachsene ab 16 Jahren in geschlossenen Ortschaften. Die Fahrradvermieter verleihen stets auch Helme.

Fahrradtransport

Die Linienbusse auf Fuerteventura nehmen keine Fahrräder mit. Wer Touren an weiter entfernten Ausgangspunkten beginnen will, ohne zuvor eine längere Straßenfahrt zu machen, kümmert sich am besten um einen geeigneten Mietwagen, der einen Fahrradtransport ermöglicht: In einem Kombi passen die Räder meistens auf die Ladefläche, sofern nur zwei Personen im Auto sitzen. Besser ist es, beim Autovermieter nach einem Fahrradträger zu fragen. Bei Cicar *(www.cicar.com)* gibt es Autos mit Fahrradträgern für einen geringen Aufpreis. Easy Riders und Volcano Bikes bieten in ihren jeweiligen Gebieten auch geführte Touren in kleinen Gruppen an, bei denen (sofern sinnvoll) ein Bustransfer inkludiert ist.

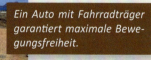

Ein Auto mit Fahrradträger garantiert maximale Bewegungsfreiheit.

Teil 1

Der Norden

Fuerteventuras Norden ist von weiten, offenen und nur leicht bergigen Landschaften geprägt. Corralejo ist eines der großen Touristenzentren der Insel und profitiert von den fantastischen Stränden der Umgebung, ebenso wie das deutlich kleinere und etwas verschlafene El Cotillo. In La Oliva und Tefía kann man einen Eindruck von der Geschichte der Insel bekommen, und die moderne Hauptstadt Puerto del Rosario bietet urbanes Flair.

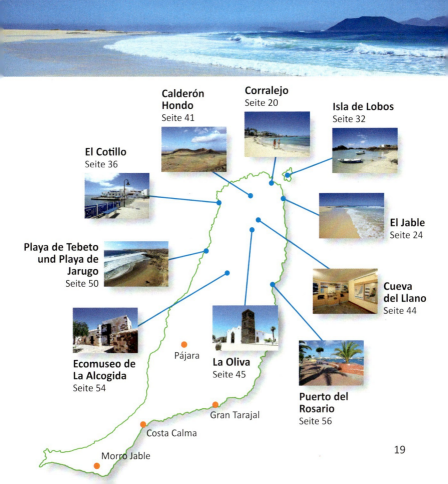

Calderón Hondo
Seite 41

Corralejo
Seite 20

Isla de Lobos
Seite 32

El Cotillo
Seite 36

El Jable
Seite 24

Playa de Tebeto und Playa de Jarugo
Seite 50

Cueva del Llano
Seite 44

Ecomuseo de La Alcogida
Seite 54

Pájara

La Oliva
Seite 45

Puerto del Rosario
Seite 56

Gran Tarajal

Costa Calma

Morro Jable

1.1. Der Norden – Corralejo

Corralejo

Die im äußersten Norden Fuerteventuras gelegene Stadt Corralejo ist eines der großen Ferienzentren der Insel. Die Relation von rund 15.000 Einwohnern zu 20.000 Gästebetten lässt eine reine Touristenhochburg erwarten – und ohne Frage ist Corralejo stark vom Massentourismus geprägt, andererseits aber auch eine lebhafte Stadt mit einem großen Anteil einheimischer Bevölkerung. Im Gegensatz etwa zu Costa Calma im Süden (▶ Seite 96) ist Corralejo keine moderne Retortenstadt; es geht auf eine im 19. Jahrhundert gegründete Siedlung zurück, die allerdings bis Mitte des 20. Jahrhunderts ein winziges, ärmliches Nest war. Als in den Fünfziger- und Sechzigerjahren die ersten Hotels gebaut wurden, stand dem Boom also nicht viel im Weg.

Pflicht oder nicht?	
● ● ● ●	*top, unbedingt machen!*
● ● ●	*sollte man erlebt haben*
● ●	*nette Abwechslung*
●	*man versäumt nicht viel*

Corralejo ist keine Sehenswürdigkeit, aber ein angenehmes Urlaubsquartier mit tollen Stränden.

Seitdem ist die Stadt enorm in die Fläche gewuchert, vor allem in den letzten 20-30 Jahren wurde sehr viel gebaut. Heute wird Corralejo von den in die Jahre gekommenen Zweckbauten der letzten Jahrzehnte dominiert, den historischen, dörflichen Ursprung kann man nur noch erahnen. Die Stadt gibt sich keine große Mühe, nobel zu wirken, ist andererseits aber auch nicht so steril wie viele der rein touristischen Ur-

Corralejo hat gleich mehrere Strände im Ortsbereich.

1.1. Der Norden – Corralejo

banisationen. Die entspannte Lässigkeit macht Fuerteventuras „Nordmetropole" zusammen mit der großen Auswahl an Gastronomie, Sport- und Freizeitmöglichkeiten zu einem angenehmen Ferienort! Das Nachtleben ist durchaus ansehnlich, der Hafen bietet die Möglichkeit zu Ausflügen zur Isla de Lobos (➤ Seite 32) und nach Lanzarote (➤ Seite 115). Das ganz große Plus Corralejos sind aber die Strände: Eine ganze Reihe davon mit sehr unterschiedlicher Atmosphäre befindet sich im Zentrum oder in dessen unmittelbarer Nähe, nicht weit entfernt liegen die fantastischen Dünenstrände (➤ Seite 24). Das Angebot an Hotels und Apartments ist riesig und bietet in allen Preisklassen

1	**Nordküstenrundfahrt**	MTB-Touren
	Technik ●●●●●	
	Kondition ●●●●●	
➤	Seite 141	

eine große Auswahl. Die meisten Unterkünfte befinden sich im nordöstlichen Teil der Stadt; hier ist Corralejo in den letzten Jahrzehnten sehr in die Fläche gewachsen, so dass man in vielen Hotels recht weit vom Zentrum entfernt ist.

Das historische Zentrum ist die Fußgängerzone um die kleine **Plaza Félix Estévez** 1, wenige hundert Meter südlich der Hafenanlagen. Architektonisch ist diese Gegend freilich nicht wirklich ein Schmuckstück, ebenso wenig wie die **Avenida Nuestra Señora del Carmen** 2, die sich von hier aus schnurgerade fast zwei Kilometer bis zum südlichen Ortsrand zieht. Sie bildet als lebhafte Hauptachse mit zahlreichen

An der Playa Las Clavellinas sitzt man direkt im Sand.

Die Promenade führt vom Hafen zur Playa Muelle Chico.

1.1. Der Norden – Corralejo

Läden, Restaurants und Bars tagsüber wie abends den Mittelpunkt der Stadt, hat als Haupteinfahrtsstraße freilich auch eine recht hohe Verkehrsbelastung. Weitaus hübscher ist die Promenade, die sich vom Hafen ausgehend außen um die meerseitige Häuserzeile herum zur **Playa Muelle Chico** 3 windet. Corralejos hafennächster Strand strahlt eine nette Urbanität aus, ist aber recht klein. Die Promenade endet 300 Meter weiter an der **Playa Las Clavellinas** 4, die mit über 100 Metern Länge weitaus mehr Platz bietet. Im Osten schließt sich direkt die gut doppelt so lange **Playa Galera** 5 an, zusammen bilden sie den Hauptstrand Corralejos. Die hiesigen Lokale nutzen ihre Toplage und stellen ihre Tische direkt in den Sand, wer aktiver sein will, nimmt die Surfschule in Anspruch.

Weiter geht es über einen steinigen Weg, jetzt über gut 600 Meter strandlos, zur hübschen **Playa Los Verilitos** 6, die durch popcornähnlichen weißen Korallenkies ein außergewöhnliches Gepräge bekommt. Die Serviceleistungen beschränken sich hier auf ein einziges Restaurant, die Umgebung mit niedrigen Apartmentanlagen strahlt eine angenehme Ruhe aus. Noch einmal knapp 600 Meter Richtung Osten (inzwischen mehr als zwei Kilometer vom Zentrum entfernt) erreicht man den letzten Strand im Stadtgebiet, die großzügige, von zwei hübschen Stegen begrenzte **Playa Puerto Remedio** 7. Sie wird zum größten Teil von Corralejos nobelstem Hotel, dem fünfsternigen Atlantis Bahía Real, eingenommen. Der Strand ist zwar für alle zugänglich, hat Nicht-Hotelgästen aber nicht allzuviel zu bieten.

Kies wie Popcorn: Playa Los Verilitos.

1.1. Der Norden – Corralejo

Zufahrten zu den Stadtstränden über die Seitenstraßen der Calle Grandes Playas, Parkplätze an den Straßen. Buslinie 6 nach Puerto del Rosario (Mo-Sa 2x stdl., So nur 1x), Linie 8 nach El Cotillo über Lajares.

GPS-Wegpunkt 01 (Plaza Félix Estévez):   28,73911 -13,86775
GPS-Wegpunkt 02 (Playa Galera):   28,73392 -13,86679
GPS-Wegpunkt 03 (Playa Los Verilitos):   28,73122 -13,86041
GPS-Wegpunkt 04 (Pl. Puerto Remedio):   28,72806 -13,85442

Wie man hinkommt

1.2. Der Norden – El Jable

> **MTB-Tipp: Easy Riders Bikecenter**
>
> Das Easy Riders Bikecenter ist der größte Fahrradvermieter in Corralejo und der Tipp für alle, die im Norden Fuerteventuras biken wollen: Im Mietangebot sind neben Citybikes, Kinderrädern und Rennrädern vor allem Mountainbikes in verschiedenen Preiskategorien, vom einfachen frontgefederten Bike bis zum Fully. Für Durchschnittsfahrer, die sich nur auf Pisten bewegen, ist die günstigste Klasse völlig ausreichend, ziemlich neu und technisch top in Schuss sind ohnehin alle. Die deutschsprachige Beratung wird von Diddy übernommen, der seit etlichen Jahren auf der Insel lebt und selbst begeisterter Mountainbiker ist. Wer nicht alleine fahren will, kann an einer der geführten Touren teilnehmen, die in verschiedenen Schwierigkeitsgraden von familientauglich bis ziemlich heftig angeboten werden.
>
> *Calle Las Dunas, beim Hotel Atlantis Fuerteventura Resort (in der Ladenzeile im Tiefparterre). www.easyriders-bikecenter.com*

El Jable

Am südlichen Stadtrand von Corralejo bildet die letzte Straße die Grenze zum Dünengebiet El Jable (das oft auch *Dunas de Corralejo* genannt wird). Der Name ist eine Hispanisierung des französischen Begriffs für Sand, *sable*, und geht auf die normannischen Eroberer der Insel zu-

Nirgendwo sonst im Norden gibt es so weitläufige Strände!

1.2. Der Norden – El Jable

rück (> Seite 70). Mit einer Fläche von rund 27 Quadratkilometern ist es das ausgedehnteste Dünengebiet der Kanaren; die nur sehr spärlich bewachsenen Sanddünen erstrecken sich mehr als acht Kilometer Richtung Süden und bis zu 2,5 Kilometer von der Küste ins Landesinnere. Nahe der Straße, die von Corralejo nach Puerto del Rosario hindurchführt, läuft das Dünengebiet mit großartigen weitläufigen Sandstränden aus, auf die sich der Hinweis zu den „grandes playas" an den Hauptstraßen Corralejos bezieht.

Und „große Strände" sind es tatsächlich: Über mehrere Kilometer zieht sich hier eine weitläufige, kaum unterbrochene Sandmeile die Küste entlang! Seit 1982 steht das Dünengebiet als *Parque Natural de Corralejo* unter Naturschutz. Zu dieser Zeit hat es die

> **Pflicht oder nicht?**
> • • • • top, unbedingt machen!
> • • • *sollte man erlebt haben*
> • • nette Abwechslung
> • man versäumt nicht viel
>
> *Die Dünenstrände von El Jable gehören zu den schönsten Stränden der Kanaren!*

Straße und die beiden Großhotels, die heute im Besitz des Riu-Konzerns sind, bereits gegeben, sie durften daher bleiben. Der durch die Unterschutzstellung erfolgte Baustopp verschafft ihnen eine exklusive, unverbaubare Alleinlage.

Die beiden Hotels – im Süden das große Riu Oliva Beach Resort, ein Stück nördlich davon auf einer felsigen Landzunge das etwas kleinere Riu Palace Tres Islas – bilden das „Zivilisationszentrum" der ausgedehnten Strandzone; hier gibt es Parkplätze, eine Bushaltestelle, einen kleinen Supermarkt, Gastronomie und die üblichen Serviceleistungen wie Duschen und Sonnenschirmverleih. Etwas bescheidener versorgt

In der Nähe der Hotelzone ist der Strand am belebtesten.

1.2. Der Norden – El Jable

ist der nördliche Strandbereich Richtung Corralejo, hier gibt es nur eine Surfschule und eine kleine Bar. Die schönste Strandzone erstreckt sich von den Hotels hinter einem 500-600 Meter breiten Dünengürtel fast zwei Kilometer weit nach Süden. Dort nähert sich die Straße dem Meer, die Küste wird zunehmend felsiger. In diesem Abschnitt gibt es noch einige recht hübsche kleinere Strände ohne Infrastruktur, die von Surfern geschätzt werden. Der Parkstreifen entlang der Straße war früher eine berüchtigte Sandfalle; inzwischen ist er so gut befestigt, dass man keine Angst mehr haben muss, das Fahrzeug festzufahren. Man muss aber nicht unbedingt das Auto nehmen, die Dünenstrände sind auch durchaus eine Option für einen längeren Spaziergang: Vom östlichen Ortsrand Corralejos bis zum nördlichen Strandende ist es nicht einmal ein Kilometer, vom Stadtzentrum rund fünf Kilometer.

Vom Strand aus zieht sich das Sandmeer El Jable bis zu 2,5 Kilometer ins Landesinnere hinein. Da der Sand ständig in Bewegung ist, ist es für Pflanzen und Tiere ein sehr schwieriges Biotop, in dem sich nur wenige Spezialisten behaupten können. So leblos, wie sie auf den ersten Blick erscheinen, sind die Dünen aber keineswegs, und für die hier vorkommenden Arten sind solche Lebensräume unersetzlich. Bis vor wenigen Jahren konnte man hier noch Streifzüge mit Sahara-Feeling unternehmen, inzwischen ist das aus Naturschutzgründen verboten: Nur die Dünen zwischen Straße und Strand sind zugänglich, alles jenseits der Straße ist absolute Tabuzone. Hierbei geht es vor allem um den Schutz der sensiblen Vogelwelt (➤ nächste Doppelseite), die durch das ständige Schrumpfen ihrer natürlichen Lebensräume ohnehin unter großem Druck steht – vor diesem Hintergrund muss man für die rigorose Aussperrung Verständnis haben.

Nur der Dünenstreifen zwischen Straße und Strand ist zugänglich.

1.2. Der Norden – El Jable

Die Strände sind über die FV-1 von Corralejo nach Puerto del Rosario erreichbar (in Corralejo Richtung „grandes playas"). Öffentliche Parkplätze beim Hotel Riu Oliva Beach (Zufahrt am 2. Kreisverkehr aus Richtung Corralejo) und auf den Parkstreifen am Straßenrand. Buslinie 6 von Corralejo Richtung Puerto del Rosario bis Haltestelle Hotels Tres Islas (Mo-Sa 2x stdl., So nur 1x). Zu Fuß ab Corralejo Zentrum immer an der Küste entlang, bis zum nördlichen Strandende ca. 5 km, zu den Hotels 6,5 km.

GPS-Wegpunkt 05 (Hotels): 28,70933 -13,83943

Wie man hinkommt

Thema: Wüstenvögel auf Fuerteventura

Die östlichen Kanareninseln Fuerteventura und Lanzarote bestehen überwiegend aus offenen, ziemlich trockenen Landschaften mit spärlichem Pflanzenbewuchs – Biotope, wie sie auch für die Halbwüsten und Wüsten Nordafrikas typisch sind. Daher gibt es hier viele Vogelarten, die sonst nur in Nordafrika, nicht aber in Europa vorkommen. Einige davon bilden auf den Westkanaren sogar endemische Unterarten. Diese vielfältige Vogelwelt ist auch der Hauptgrund dafür, dass auf Fuerteventura viele Gebiete nicht oder nur auf den bestehenden Wegen betreten werden dürfen: Die Tiere reagieren empfindlich auf Störungen, die meisten von ihnen sind außerdem Bodenbrüter. Bleiben Sie daher stets auf den Wegen und respektieren Sie Betretungsverbote!

Die **Fuerteventura-Kragentrappe** *(Chlamydotis undulata fuerteventurae)* ist eine Unterart der nordafrikanischen Kragentrappe und eines der offiziell festgelegten Natursymbole der Kanaren. Die unauffällig hellgrau bis braun gefärbten Stelzvögel erreichen eine Größe von 55-75 cm. Die Hennen sind etwas kleiner als die Hähne, sonst unterscheiden sich die Geschlechter kaum. Die Art *Chlamydotis undulata* ist in ganz Nordafrika verbreitet, die Unterart *Chlamydotis undulata fuerteventurae* gibt es nur auf Fuerteventura, Lanzarote und der nördlich von Lanzarote gelegenen kleinen Nebeninsel La Graciosa. Die Kragentrappe ist ein typischer Wüstenvogel und so gut an extrem trockene Biotope angepasst, dass sie ihren gesamten Wasserbedarf durch die Nahrung (Pflanzen, Insekten und kleinere Wirbeltiere) decken kann und nicht unbedingt trinken muss! Die scheuen Einzelgänger bewegen sich überwiegend am Boden fort und fliegen nur ungern, sie sind daher selten zu sehen. Von der kanarischen Unterart dürfte es nur noch um die 1000 Tiere geben, sie gilt als gefährdet.

Die Kragentrappe ist ein Symboltier Fuerteventuras.

Deutlich auffälliger sind die **Schmutzgeier** *(Neophron percnopterus)*. Mit einer Körperlänge von 60-70 cm und einer Spannweite um die 1,60-1,70 m gehört der Schmutzgeier zu den kleineren Geierarten, dennoch sind die einsam am Himmel kreisenden Vögel imposante Erscheinungen und auf Fuerteventura gar nicht selten zu sehen. Im Flug fallen die schwarzen Schwungfedern auf, die den Vögeln zusammen mit dem keilförmigen Schwanz ein charakteristisches Flugbild geben. Der Schmutzgeier ist ein typischer Bewohner offener, trockener Landschaften und kommt in ganz Nordafrika außer im Kerngebiet der Sahara vor, in Europa gibt es ihn nur in Spanien und in kleineren Beständen in Südfrankreich. Mit einem weltweiten Gesamtbestand von nur einigen zehntausend Tieren gilt die Art als stark gefährdet.

Der Schmutzgeier ist der größte Greifvogel.

Der **Triel** *(Burhinus oedicnemus)* ist ein zur Ordnung der Regenpfeiferartigen gehörender Vogel, der im Gegensatz zu seiner wasserliebenden Verwandtschaft trockene, steinige Gebiete mit geringer Vegetation bevorzugt und sich von Insekten und anderen Kleintieren ernährt. Der Triel hat in etwa das Format einer großen Taube und auffallend große, gelbe Augen, die auf seine Lebensweise hindeuten: Die Tiere sind fast ausschließlich dämmerungs- und nachtaktiv, daher bekommt man sie nur selten zu Gesicht. Der Triel ist über Südeuropa, Nordafrika und Vorderasien verbreitet, auf Fuerteventura und Lanzarote kommt die endemische Unterart *Burhinus oedicnemus insularum* vor.

Der Triel ist überwiegend nachtaktiv.

Der **Rennvogel** *(Cursorius cursor)* ist mit seinem Federkleid aus pudrigen Beige- und Brauntönen und den dunklen Streifen an den Kopfseiten ein ausgesprochen hübsches Tier. Die Art kommt im gesamten nordafrikanischen Raum sowie in Südwestasien vor, in Europa tauchen die Tiere nur als seltene Irrgäste auf. Der 20-25 cm große Rennvogel ist mit etlichen am Wasser lebenden Vögeln verwandt, anders als diese bevorzugt er jedoch aride Landschaften wie Trockensteppen und Halbwüsten sowie Dünengebiete. Er sucht seine Nahrung – Insekten und andere Kleintiere – schnell am Boden entlanglaufend. Auf Fuerteventura gibt es diese Vögel noch in recht großer Zahl, auf Lanzarote sind sie selten geworden.

Der Rennvogel sucht seine Beute am Boden.

Ein weiterer typischer Bewohner von Trockengebieten ist das **Sandflughuhn** *(Pterocles orientalis)*, das weite Gebiete in Nordafrika, auf der Iberischen Halbinsel sowie in Zentralasien besiedelt. Auf den Kanaren gibt es die Art nur auf Lanzarote und Fuerteventura. Die hübschen Tiere haben ein hell- bis dunkelgrau gezeichnetes Gefieder, bei den Hähnen kommt ein rotbrauner Halsbereich hinzu. Sie sind mit einer Körperlänge von 30-35 cm etwas größer als Rebhühner und ernähren sich überwiegend von Samen. Der weltweite Bestand ist recht groß, die Art gilt als nicht gefährdet.

Das Sandflughuhn ernährt sich vorwiegend von Samen.

Der **Wüstengimpel** *(Bucanetes githagineus)* ist eine Finkenart, deren Verbreitungsgebiet sich von den Kanarischen Inseln über weite Teile Nordafrikas bis nach Südwestasien erstreckt. In Europa gibt es nur ein sehr kleines Vorkommen im äußersten Süden Spaniens. Die Tiere der Kanaren (die hier auf allen Inseln vorkommen) gehören der Unterart

Der Wüstengimpel kommt auf allen Kanareninseln vor.

Thema: Wüstenvögel auf Fuerteventura

Bucanetes githagineus amantum an und sind hellgrau gefärbt mit kräftigen orangeroten Schnäbeln. Die geselligen Vögel treten meist in kleinen Trupps auf, sind aber trotzdem recht unauffällig, weil sie sich überwiegend am Boden bewegen und nur selten fliegen. Die Art ist insgesamt sehr zahlreich und gilt daher als nicht gefährdet.

Eine ornithologische Besonderheit Fuerteventuras ist der **Kanarenschmätzer** *(Saxicola dacotiae)*, der ausschließlich auf dieser Insel vorkommt. Der kleine Singvogel ist eng mit dem mitteleuropäischen Schwarzkehlchen verwandt und diesem so ähnlich, dass er lange Zeit nur als eine Unterart angesehen wurde. Die Vögel sind mit 11-12 cm in etwa so groß wie ein Rotkehlchen, das Männchen ist kontrastreich schwarz bis hellbraun gefärbt, das Weibchen etwas weniger auffällig. Das bevorzugte Biotop sind felsige Regionen mit Buschwerk. Die Bestandsschätzungen gehen weit auseinander und nennen Zahlen von einigen tausend Tieren; eigentlich also recht viele, aufgrund der lokalen Begrenzung auf Fuerteventura gilt die Art aber dennoch als gefährdet.

Der Kanarenschmätzer ist ein Lokalendemit.

Etwas weniger exklusiv als die bisher genannten Arten ist der **Wiedehopf** *(Upupa epops)*: Mit seinem orangen Kopf- und Schulterbereich, den schwarzweiß gestreiften Flügeln und der charakteristischen Haube, die bei Erregung aufgerichtet wird, ist dieser Vogel unverwechselbar. Der Wiedehopf hat ein sehr großes Verbreitungsgebiet, er kommt in Süd- und Mitteleuropa ebenso vor wie in den warmen und gemäßigten Gebieten Asiens sowie in ganz Afrika mit Ausnahme der Sahara. In Deutschland, Österreich und der Schweiz ist er sehr selten geworden, auf Fuerteventura sieht man ihn dagegen häufig.

Der Wiedehopf ist ein häufiger Anblick.

1.3. Der Norden – Isla de Lobos

Isla de Lobos

Die wenige Kilometer vom nordwestlichen Ende Fuerteventuras entfernt gelegene Isla de Lobos (gelegentlich auch *Islote de Lobos* genannt) ist mit nur 4,6 Quadratkilometern die kleinste allgemein zugängliche Kanareninsel und ein beliebtes Ausflugsziel. In früheren Zeiten war sie aufgrund ihrer Lage zwischen Lanzarote und Fuerteventura ein begehrter Stützpunkt für Seefahrer; auch der normannische Eroberer Jean de Béthencourt nutzte sie als Basis, als er 1404 begann, von Lanzarote aus Fuerteventura einzunehmen (➤ Seite 70). Ihren Namen „Insel der Wölfe" hat sie allerdings nicht von den Landraubtieren, die es auf den Kanaren nie gab, sondern von den auf Spanisch „Lobos Marinos" genannten Mönchsrobben. Diese Robbenart kam hier einst häufig vor, wurde allerdings von Anfang an intensiv bejagt, da sie neben Fleisch auch Leder, Fell und vor allem das begehrte Lampenöl lieferte. Im 19. Jahrhundert waren die Robben auf Lobos ausgerottet, heute ist die Art weltweit gefährdet.

Größere Siedlungen hat es auf der Insel nie gegeben. Früher fristeten hier zeitweise ein paar Bauernfamilien ein kärgliches Dasein, heute gibt es keine ständigen Bewohner, auch die wenigen Häuser von El

> **Pflicht oder nicht?**
>
> ●●●● *top, unbedingt machen!*
> ●●● *sollte man erlebt haben*
> ●● *nette Abwechslung*
> ● *man versäumt nicht viel*
>
> *Nur wegen dem Strand alleine müsste man nicht hinüberfahren; die Fahrt lohnt sich aber für die Inselumrundung zu Fuß oder mit dem Mountainbike.*

Der einzige Strand ist hübsch, aber nicht besonders groß.

1.3. Der Norden – Isla de Lobos

Puertito, der einzigen Siedlung, werden nur zeitweise genutzt. Es gibt keine Autos und keine Straßen, und auch sonst wurde die Insel kaum vom Menschen beeinflusst. Da sie ein wichtiger Lebensraum für zahlreiche Tier- und Pflanzenarten und wichtiges Brutgebiet für einige Seevogelarten ist, wurde sie 1982 unter Naturschutz gestellt. Daher gelten gewisse Einschränkungen: Die Wege dürfen nicht verlassen werden, und es dürfen sich nur maximal 200 Personen gleichzeitig auf der Insel aufhalten. Campen ist nur mit spezieller Genehmigung und nur auf dem dafür vorgesehenen Platz zwischen der Mole und El Puertito gestattet.

Einsamkeit sollte man hier dennoch nicht erwarten, denn die Insel ist ein beliebtes Ausflugsziel und mit einem von Corralejo aus fahrenden Boot problemlos zu erreichen. Durch die Beschränkung auf maximal 200 Personen pro Tag ist nicht garantiert, dass man an Bord darf, normalerweise stehen die Chancen aber gut. Die Fahrt über die Distanz von rund zwei Kilometern dauert nur 20 Minuten und ist oft erstaunlich schaukelig, da sich durch die starken Strömungen in der Meerenge recht beachtliche Wellen aufbauen. Immer wieder kommt es daher auch vor, dass der Bootsverkehr eingestellt werden muss.

> **1 Rund um die Isla de Lobos**
> *Technik* ● ● ● ● ●
> *Kondition* ● ● ● ● ●
> ➤ Seite 137
>
> *Wanderungen*

An der Mole kann man sich in einem kleinen Besucherzentrum über die besonderen Lebensräume der Insel und die dort lebenden Tier-

El Puertito liegt an einer charmanten Lagune.

1.3. Der Norden – Isla de Lobos

und Pflanzenarten informieren. Die meisten Passagiere gehen aber gleich zielstrebig nach links zum einzigen Strand der Insel, der **Playa de la Concha** 1, die nur 700 Meter entfernt ist. Der auch Playa de La Calera genannte Strand ist in eine hübsch gerundete Bucht eingebettet, die ihn vor der Brandung schützt und zu einer schönen Badegelegenheit macht – so attraktiv, dass man nur deswegen hinüberfahren müsste, ist er aber andererseits auch nicht.

Es lohnt sich daher, zumindest einen kurzen Spaziergang zur einzigen Ortschaft der Insel zu machen, der aus nur wenigen Häusern bestehenden Siedlung **Casas del Puertito** 2 (meist kurz *El Puertito* genannt). Hier gibt es ein einfaches Restaurant (Essen nur auf Bestellung) und ein weiteres Besucherzentrum. Dem Ort vorgelagert ist die flache natürliche Hafenbucht, die durch Lavasteinbarrieren vor der Brandung geschützt wird und damit eine weitere hübsche Badegelegenheit bietet.

Ein apezielles Landschaftselement der Insel sind die „Hornitos", die „Öfchen": Kleine, nur wenige Meter hohe Vulkankegel, die die ganze Insel wie Maulwurfshügel überziehen. Die Minivulkane sind Zeugen

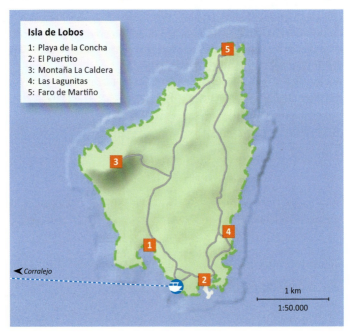

Isla de Lobos
1: Playa de la Concha
2: El Puertito
3: Montaña La Caldera
4: Las Lagunitas
5: Faro de Martiño

1.3. Der Norden – Isla de Lobos

der Entstehung der Insel, die mit einem Alter von 6000-8000 Jahren geologisch sehr jung ist. Am deutlichsten wird dies von einem erhöhten Standpunkt aus, etwa der 127 Meter hohen **Montaña La Caldera** 3, der höchsten Erhebung der Insel. Eine weitere Natursehenswürdigkeit sind die Salzwiesen **Las Lagunitas** 4 im Südosten: Diese Wiesen werden regelmäßig vom Salzwasser überflutet und bilden dann eine Lagunenlandschaft. Daher haben sich hier spezielle salztolerante Pflanzen angesiedelt, Botaniker haben rund 130 zum Teil endemische Arten gezählt. Auf einer Anhöhe an der Nordspitze wurde 1865 der Leuchtturm **Faro de Martiño** 5 in Betrieb genommen. Der einsame Ort brachte sogar eine literarische Berühmtheit hervor: Die 1903 hier geborene Tochter des Leuchtturmwärters, Josefina Pla, emigrierte 1926 nach Paraguay und wurde dort zu einer bedeutenden Schriftstellerin. Der Wanderweg, der die Insel in bequemen acht Kilometern umrundet, verbindet alle Sehenswürdigkeiten und ist daher die schönste und vollständigste Möglichkeit, die Insel zu erleben (➤ Seite 137).

Die Hornitos überziehen die ganze Insel.

Abfahrt der Schiffe in Corralejo im hinteren Hafenbereich, kurz vor dem Fähranleger. Stündlich von 10:00-13:00 Uhr sowie um 15:30 Uhr, im Sommer auch spätere Fahrten. Ticketverkauf tägl. 9:00-13:00 und 14:30-16:30 Uhr. Erwachsene 15,00 € (hin und zurück), Kinder von 4-11 7,50 €. Tel. 0034 699 687 294, www.islalobos.es

Von der Mole (Muelle) zur Playa de las Conchas 600 m, nach El Puertito 500 m. Centro de Visitantes: Direkt am Schiffsanleger, tägl. 10:30-15:30 Uhr, 1.7.-30.9. bis 17:30 Uhr, Eintritt frei.

Restaurant Casa Antoñito: Tel. 0034 928 879 653

Wegpunkt 06 (Abfahrt Corralejo): 28,74078 -13,86355
Weitere Wegpunkte und Detailkarte auf S. 140

Wie man hinkommt

El Cotillo

El Cotillo ist Fuerteventuras nordwestlichste Ortschaft. Anders als es angesichts der kaum vorhandenen historischen Bausubstanz scheint, blickt sie auf eine jahrhundertelange Geschichte zurück: Schon kurz nach der Eroberung der Insel im 15. Jahrhundert wurde hier ein Hafen eingerichtet und zu dessen Schutz eine kleine Festung, das Castillo de Rico Roque, erbaut. Im 17. und 18. Jahrhundert war El Cotillo sogar einer der größten Exporthäfen Fuerteventuras. Durch den Aufstieg von Puerto de Cabras (heute Puerto del Rosario, ▸ Seite 56) im 19. Jahrhundert verlor El Cotillo jedoch diesen Status und schrumpfte zu einem sehr bescheidenen Fischerdorf.

> **Pflicht oder nicht?**
> • • • • *top, unbedingt machen!*
> • • • *sollte man erlebt haben*
> • • *nette Abwechslung*
> • *man versäumt nicht viel*
>
> *Den Ort muss man nicht gesehen haben, aber die Strände sind toll!*

Erst innerhalb der letzten Jahrzehnte ist es mit Ferienhäusern, Apartmentanlagen und einigen wenigen Hotels wieder zu einer größeren Ortschaft und zu einem Ferienzentrum von gewissem Format herangewachsen. Freilich ist es immer noch deutlich kleiner und verschlafener als Corralejo, die Freizeitmöglichkeiten sind begrenzt, ein Nachtleben praktisch nicht vorhanden. Durch die guten Wind- und Wellenbedingungen an den Stränden der Umgebung ist El Cotillo vor allem bei Surfern beliebt, deren entspannter, alternativ angehauchter Lifestyle auf den ganzen

Der alte Hafenbereich ist das Zentrum von El Cotillo.

Ort abfärbt. Wenn man es im Urlaub gerne sehr ruhig hat und das vergleichsweise urbane Corralejo schon zu eng und zu hektisch ist, ist El Cotillo ein guter Tipp!

Das Zentrum mit einigen wenigen älteren Häusern befindet sich am **alten Hafen** 1 in der Felsbucht Caleta del Cotillo. Es gibt einen kleinen Kiesstrand und ein paar schön gelegene Restaurants, eine Bronzeskulptur würdigt die Fischer, die hier über Jahrhunderte ein kärgliches Einkommen erwirtschafteten. Inzwischen liegen hier keine Fischerboote mehr vor Anker, sie sind alle in den kürzlich erbauten neuen Hafen umgezogen, der wenige hundert Meter weiter südlich liegt. Noch ein Stück weiter ist bereits der südliche Ortsrand erreicht, der vom einzigen nennenswerten historischen Bauwerk El Cotillos, dem **Torre del Toston** 2, markiert wird. Diese nur aus einem einzigen runden Turm bestehende Verteidigungsanlage ersetzte im 18. Jahrhundert das ältere Castillo de Rico Roque. Heute ist im Turm die Touristeninformation untergebracht, außerdem gibt es eine kleine Ausstellung zeitgenössischer Kunst. Darüber hinaus lohnt sich der Besuch des Turmes für die Aussicht von der Dachterrasse. Eine weitere historische Sehenswürdigkeit ist die **Windmühle** 3 vom Typ Molino (➤ Seite 84), die sich kurz vor El Cotillo bei El Roque ein kleines Stück neben der Hauptstraße befindet.

Die eigentliche Attraktion El Cotillos sind aber die fantastischen Strände in der Umgebung des Ortes: Sowohl in südlicher als auch in nördlicher Richtung gibt es zum Baden und Surfen eine ganze Reihe fantastischer

Die Lagunenstrände bieten die beste Bademöglichkeit.

1.4. Der Norden – El Cotillo

Optionen! In Richtung Süden sind es vom Torre del Toston noch rund 600 Meter bis zur **Playa del Castillo** 4, die mit über einem Kilometer Länge die ausgedehnteste Strandzone im Nordwesten Fuerteventuras ist. Zum Baden ist der Strand durch die oft heftige Brandung und die gefährliche Unterströmung nicht ganz so gut geeignet, dafür finden die Surfer hier ein sehr geeignetes Revier. Der Strand ist unbewirtschaftet, es gibt keine sanitären Einrichtungen, keine Bar und keine Liegen und Sonnenschirme, dafür eine schöne, wilde, freie Atmosphäre. Eine unbefestigte, aber ziemlich breite und mit einem normalen Auto problemlos befahrbare Piste führt an der Playa del Castillo vorbei noch weiter nach Süden und erreicht nach weiteren zwei Kilometern die nicht ganz so ausgedehnte **Playa del Águila** 5, die am Fuß eines Steilhangs liegt und über eine Treppe zugänglich ist. Bei Flut wird dieser Strand allerdings zum größten Teil überspült.

In Richtung Norden zieht sich El Cotillo mit einem

El Cotillo und Umgebung

1: alter Hafen
2: Torre del Toston
3: Windmühle
4: Playa del Castillo
5: Playa del Águila
6: Playa Los Lagos
7: Faro del Toston
   (Fischereimuseum)
8: Lagunenstrände

MTB-Touren

2 Von Lajares über La Oliva nach El Cotillo

Technik   ●●●●○
Kondition   ●●●●○

➤ *Seite 147*

1.4. Der Norden – El Cotillo

ausgedehnten Bereich aus modernen Apartmenthäusern in die Länge. Hier befindet sich eine weitere Strandzone, die ein ganz anderes Gesicht hat als die langen, windumtosten Strände im Süden: Hinter einem schmalen Dünenstreifen bilden vulkanische Felsen eine schöne Lagunenlandschaft. Mehrere kleine Sandstrände, von denen die **Playa Los Lagos** 6 die größte ist, sind durch die Felsen so gut vor der Brandung geschützt, dass sie sich sogar für kleine Kinder eignen!

Die Straße verlässt hier den Ort und führt durch eine sandige Küstenebene mit weiteren, allerdings strandlosen Lagunen. Ein bereits vor längerer Zeit angelegtes Straßennetz deutet darauf hin, dass es hier Pläne für weitere Neubauten gab, die allerdings nie umgesetzt wurden. Nach gut drei Kilometern endet die Straße am **Faro del Tostón** 7, Fuerteventuras nördlichstem Leuchtturm. Das heutige Gebäude ersetzte in den Achtzigerjahren einen Vorgängerbau von 1891; daneben steht noch das alte Haus des Leuchtturmwärters, in dem das **Museo de Pesca Tradicionál** untergebracht ist. Das moderne, sehr schön kon-

Die Playa de Castillo ist vor allem bei Surfern beliebt.

Der Strand zieht sich über einen Kilometer die Küste entlang.

1.4. Der Norden – El Cotillo

zipierte Museum informiert über die traditionelle Fischerei und das Alltagsleben der Fischer in früheren Zeiten, Texte auf Deutsch gibt es in einer Broschüre am Eingang. Direkt östlich des Leuchtturms schließt sich sich eine weitere **Lagunenlandschaft** 8 an, die den Lagunen von El Cotillo sehr ähnlich, aber völlig unverbaut ist. Feinsandige Strände fallen sanft in flaches, warmes Wasser ab und bilden eine der schönsten Strandlandschaften Fuerteventuras! Die hier beginnende Piste führt gut 17 Kilometer an der Küste entlang nach Corralejo; sie ist mit einem normalen Auto gerade noch befahrbar, mehr Spaß macht die Fahrt allerdings mit dem Mountainbike (▶ MTB-Tour 1, Seite 141).

Am Leuchtturm gibt es weitere Lagunenstrände.

Wie man hinkommt

Zu den südlich gelegenen Stränden führt eine unbefestigte, aber gut befahrbare Piste: Am Ortseingang links in die Calle Hermanas del Castillo, der Biegung nach rechts folgen, dann links auf die Piste. Buslinie 8 1x pro Stunde ab Corralejo, Linie 7 ab Pt. del Rosario.

Torre del Tostón: *Am südlichen Ortsrand. Ausstellung und Dachterrasse Mo-Fr 9:00-15:00 Uhr, Sa und So 9:00-14:00 Uhr, Feiertage geschlossen. Erwachsene 1,50 €, Kinder bis 12 frei.*

Museo de la Pesca Tradicional: *Im Leuchtturm Faro del Tostón. Di-Sa 10:00-18:00 Uhr, Erwachsene 3,00 €.*

GPS-Wegpunkte:
07 (alter Hafen):   28,68399 -14,01137
08 (Playa del Castillo): 28,67316 -14,00960
09 (Playa del Águila):   28,64753 -14,02133
10 (Faro del Tostón):   28,71522 -14,01391

Calderón Hondo

Zwischen Corralejo und El Cotillo wird die ansonsten recht flache Gegend von einer Kette kleinerer Vulkankegel unterbrochen. Sie entstanden vor rund 50.000 Jahren bei einer großen Eruptionsserie, die die Fläche der Insel vermutlich um rund 100 Quadratkilometer vergrößert hat. Die Vulkane hinterließen auch die weitflächige Lavawüste Malpais de Bayuyo, die die gesamte Nordspitze der Insel bis zur Straße von El Cotillo nach Lajares einnimmt. Der Begriff *Malpais* bedeutet soviel wie „schlechtes Land" und wird auf den Kanaren für vulkanische Gegenden verwendet, die keine landwirtschaftliche Nutzung zulassen.

Der Calderón Hondo ist mit 278 Metern der höchste dieser Vulkane und beeindruckt mit einem riesigen, kreisrunden Krater. Von Lajares aus ist er mit einem Spaziergang von knapp drei Kilometern erreichbar. Auf der Nordwestseite führt ein einfach zu begehender Weg zu einem Aussichtspunkt hinauf, von dem aus man direkt in den Krater hineinschaut, der mit einem Durchmesser von rund 300 Metern und einer Tiefe von um die 70 Metern imposante Ausmaße hat. In die andere Richtung hat man eine großartige Aussicht über den gesamten nördlichen Abschnitt Fuerteventuras bis hinüber nach Lanzarote. Am Fuß des Vulkans wurden

		Pflicht oder nicht?
• • • •	*top, unbedingt machen!*	
• • •	*sollte man erlebt haben*	
• •	*nette Abwechslung*	
•	*man versäumt nicht viel*	

Der Vulkan ist eine der interessantesten Natursehenswürdigkeiten der Gegend und lohnt den kurzen Spaziergang!

Der Krater hat durchaus imposante Ausmaße!

Thema: Atlashörnchen

einige historische Hirtenunterkünfte rekonstruiert, die man mit einem kleinen Abstecher besichtigen kann.

Vom Kraterrand überblickt man den Nordteil der Insel.

Wie man hinkommt

Parkplatz am nördlichen Ortsrand von Lajares an der Straße nach Majanicho, beschildert. Vom Parkplatz aus auf die deutlich sichtbare Montaña Colorada zu, dann auf dem breiten Weg rechts daran vorbei, der Calderón Hondo befindet sich dahinter. Vom Parkplatz bis zum Aussichtspunkt 2,7 km, 40-50 Minuten auf einfachem Weg (teilweise mit Steinplatten, teilweise feinkiesig). Buslinie 7 Puerto del Rosario-El Cotillo, Linie 8 Corralejo-El Cotillo bis Lajares.

Detailkarte auf S. 145

GPS-Wegpunkt 11 (Parkplatz): 28,68896 -13,93154
GPS-Wegpunkt 12 (Aussichtspunkt): 28,70129 -13,91933

Thema: **Atlashörnchen**

Man sieht sie fast überall auf der Insel: Kleine, flinke Tiere, den mitteleuropäischen Eichhörnchen ähnlich, aber heller und mit kürzerem Schwanz. An Stellen, an denen viele Touristen anzutreffen sind, sind sie nicht nur nicht scheu, sondern manchmal durchaus aufdringlich und fordern selbstbewusst ihren Anteil an der Verpflegung ein, die gerade ausgepackt wird. Da kann es schon mal vorkommen, dass sie auf dem Schoß oder sogar auf der Schulter herumturnen.

Wegen ihrer deutlichen Streifenzeichnung werden sie oft als Streifenhörnchen bezeichnet, was aber nicht ganz korrekt ist, denn Streifenhörnchen sind eine Gattung, die größtenteils in Nordamerika vorkommt. Bei den Tieren auf Fuerteventura handelt es sich um Atlashörnchen *(Atlantoxerus getulus)*, auch Nordafrikanische Borstenhörnchen oder Berberhörnchen genannt. Keine Frage, die Tierchen sind entzückend und – individuell gesehen – auch völlig harmlos. Dennoch sind sie ein großes Problem: Ihr natürliches Verbreitungsgebiet ist das nordwestafrikanische Atlasgebirge, das sich größtenteils in Marokko befindet. Auf den Kanaren war die Art ursprünglich gar nicht heimisch, auf Fuerteventura wurde sie 1965 eingeschleppt. An den trockenen, kargen Lebensraum sind sie perfekt angepasst, und da die Hörnchen außerdem eine sehr hohe Reproduktionsrate haben, vermehrten sie sich rasch und besiedeln inzwischen in großer Zahl die gesamte Insel.

Biologen nennen so etwas eine „invasive Art", und solche Arten können sensible Ökosysteme großflächig sehr stark beeinflussen: Die Atlashörnchen ernähren sich überwiegend von Samen, aber auch von anderen Pflanzenteilen. Dadurch setzen sie der ohnehin kargen Flora auf Fuerteventura erheblich zu und tragen zur Verbreitung ebenfalls ortsfremder Pflanzenarten bei, die heimische Arten verdrängen. Als Allesfresser vergreifen sie sich aber auch an Vogeleiern und sogar Küken und werden daher für den Rückgang einiger heimischer Vogelarten verantwortlich gemacht. Da sie sich auch an Getreide bedienen, sind sie außerdem ein Problem für die Landwirtschaft. Die massenhafte Fütterung durch Menschen – insbesondere Touristen – ist für die gelehrigen Tiere inzwischen zu einer bedeutenden zusätzlichen Nahrungsquelle geworden und trägt zu ihrer weiteren Vermehrung bei. Auch wenn es schwer fällt, nein zu sagen, sollte man es daher lassen!

Die Atlashörnchen sind umwerfend süß – für die Natur aber ein Problem.

1.6. Der Norden – Cueva del Llano

Cueva del Llano

In der Nähe von Villaverde, zwischen Corralejo und La Oliva, befindet sich der Eingang zur Cueva del Llano, einer rund 600 Meter langen Lavahöhle. Solche Höhlen entstehen, wenn bei einem Vulkanausbruch extrem heiße und sehr dünnflüssige Lava austritt und einen Hang hinunter strömt. Erkaltet dieser schnell fließende Lavafluss an seiner Oberfläche, kann sich dort eine feste Kruste bilden. Beim Versiegen des Lavastroms fließt der Rest der noch flüssigen Lava aus und hinterlässt eine leere Röhre. Solche Höhlen bringen gelegentlich einzigartige Lebensformen hervor: In der Cueva del Llano fanden Biologen ein an die Dunkelheit angepasstes Spinnentier, das ausschließlich in dieser einen Höhle vorkommt.

> **Pflicht oder nicht?**
> • • • • *top, unbedingt machen!*
> • • • *sollte man erlebt haben*
> • • *nette Abwechslung*
> • *man versäumt nicht viel*
>
> *Die Höhle wird erst nach ihrer Wiedereröffnung ein Tipp sein, das Besucherzentrum lohnt sich nicht wirklich.*

Ein Teil der Höhle, ein rund 300 Meter langer Gang, wurde als Schauhöhle hergerichtet und stellte lange Zeit eine der großen Natursehenswürdigkeiten Fuerteventuras dar. Zuletzt war sie allerdings gesperrt, weil die Decke instabil geworden war; eine Wiedereröffnung war bei Redaktionsschluss nicht absehbar, derzeit ist nur das Besucherzentrum geöffnet, das rund um den Eingang der Höhle herum errichtet wurde. Es zeigt eine kleine Ausstellung über die Entstehung der Höhle und die hier lebenden Tiere; die Ausstellung ist nicht besonders umfangreich,

Bis auf Weiteres ist nur das Besucherzentrum geöffnet.

1.7. Der Norden – La Oliva

immerhin aber kostenlos zugänglich. Ein echter Tipp wird die Cueva del Llano dennoch erst nach einer möglichen Wiedereröffnung sein.

> *Am nördlichen Ortsrand von Villaverde, beschildert. Die Höhle ist derzeit nicht zugänglich, nur das Besucherzentrum ist Mi/Do 10:00-15:00 Uhr und Sa 15:00-18:00 Uhr geöffnet (Eintritt frei).*
> *GPS-Wegpunkt 13: 28,65302 -13,90279*

Wie man hinkommt

La Oliva

Die nicht einmal 1400 Einwohner zählende Ortschaft La Oliva wirkt auf den ersten Blick ziemlich bescheiden, obwohl sie Verwaltungssitz einer Gemeinde ist, die unter anderem das vielfach größere Corralejo umfasst. Durch die Lage weit im Landesinneren hat sich La Oliva nie zu einem Ferienort entwickelt, doch ist es eine der historisch interessantesten Ortschaften der ganzen Insel: 1708 wurde La Oliva Sitz der mächtigen Coroneles und damit für rund 150 Jahre de facto zur Hauptstadt der ganzen Insel, auch wenn dies offiziell noch immer Betancuria war (▶ Seite 65). Dieser Status hat eine ganze Ansammlung interessanter historischer Gebäude hinter-

Die Kirche von La Oliva ist von beachtlicher Größe.

1.7. Der Norden – La Oliva

lassen, die einen überaus spannenden Ausflug in die Geschichte der Insel ermöglichen!

Auffälliger Mittelpunkt ist die überraschend große **Iglesia Nuestra Señora de la Candelaria** 1 aus dem 18. Jahrhundert. Die größte Kirche im Norden Fuerteventuras hat eine schöne dreigiebelige Fassade in schlichtem Weiß, die von einem wuchtigen Glockenturm aus dunklem Vulkangestein flankiert wird. Nur wenige Schritte von der Kirche entfernt befindet sich die **Cilla** 2, das historische Zehnthaus aus dem frühen 19. Jahrhundert. Hier wurde das Getreide, das die Bauern als Naturalzins an die Obrigkeit abzuliefern hatten, gelagert. Heute ist in dem äußerlich unauffälligen Gebäude eines der vielen kleinen Spezialmuseen der Insel untergebracht: Das **Museo del Grano**, das Getreidemuseum, zeigt eine kleine Ausstellung über Anbau

> **Pflicht oder nicht?**
>
> • • • • *top, unbedingt machen!*
> • • • *sollte man erlebt haben*
> • • *nette Abwechslung*
> • *man versäumt nicht viel*
>
> *Die auf den ersten Blick bescheidene Ortschaft hat überraschende historische Sehenswürdigkeiten zu bieten!*

Thema: Die Coroneles

1708 wurde auf königliche Veranlassung der erste Coronel auf Fuerteventura eingesetzt. Eigentlich war dies ein rein militärischer Status: Der Coronel war der oberste Militärkommandant der Insel, seine vorrangige Aufgabe war der Schutz Fuerteventuras vor feindlichen Invasionen, insbesondere den häufigen Piratenüberfällen aus dem nahen Nordafrika. Tatsächlich übernahmen die Coroneles – begünstigt durch die Abwesenheit des Feudalherrn, der auf Teneriffa lebte (➤ Seite 71) – aber bald auch die zivile Macht über die Bevölkerung und häuften darüber hinaus einen so enormen Grundbesitz an, dass ihnen bald ein Drittel der Insel gehörte. Die Bauern, die das Land bewirtschafteten, waren weitgehend rechtlose Pächter und Leibeigene. Offiziell war nach wie vor Betancuria die Hauptstadt Fuerteventuras, de facto war dies ab 1708 La Oliva, wo die Coroneles residierten. Da das Amt des Coronels erblich war, bildete sich eine Dynastie heraus, die mehr als 150 Jahre lang die nahezu absolute Macht auf der Insel ausübte. Erst 1859 wurden der letzte Coronel entmachtet, der materielle Besitz blieb der Familie jedoch erhalten.

1.7. Der Norden – La Oliva

und Verarbeitung des Getreides in früheren Jahrhunderten. Die Ausstellung, in deren Mittelpunkt die historischen Gerätschaften stehen, ist sehr schön und modern mit vielen Informationen gestaltet – leider aber gibt es alle Texte nur auf Spanisch, wenn man die Sprache nicht versteht, lohnt sich der Besuch nicht wirklich.

Weitaus spannender ist die am südlichen Ortsrand gelegene **Casa de los Coroneles** 3 . Der in nobler Distanz zum Dorf errichtete herrschaftliche Gutshof war ab 1708 Wohn- und Amssitz der Coroneles und bis zur Abschaffung dieses Amtes im Jahr 1859 de facto der Regierungssitz Fuerteventuras, was ihn zu einem der wichtigsten historischen Monumente der Kanaren macht. Höfischen Prunk gibt es jedoch auch hier nicht, das Gebäude ist weniger ein nobler Herrensitz als ein großer, wehrhafter Gutshof, es strahlt eine archaische Wuchtigkeit aus und scheint mit der umgebenden wüstenhaften Landschaft verwachsen wie ein Fort in der Sahara. Beeindruckend ist das großartige Schnitzwerk an den Balkons und den Fensterläden und die schönen hölzernen Umgänge im repräsentativen Innenhof, dennoch bleibt der Gesamteindruck vergleichsweise schlicht. Die Baugeschichte lässt sich nicht

Die Casa de los Coroneles hat eine eigenwillige Atmosphäre.

1.7. Der Norden – La Oliva

genau nachvollziehen; im Kern stammt das Gebäude wahrscheinlich aus dem 17. Jahrhundert, es wurde aber vor allem im 18. Jahrhundert deutlich erweitert. Heute befindet sich darin eine Ausstellung über die Geschichte der Coroneles (alle Informationen auf Spanisch und Englisch) sowie kleinere wechselnde Kunstausstellungen. Die historische Einrichtung existiert nicht mehr, viele Räume sind leer. Dennoch lohnt sich die Besichtigung alleine schon wegen dem Gebäude selbst und seiner eigenwilligen, strengen Atmosphäre.

Etwas weiter im Ort liegt die Casa del Coronel – der Name ist zum Verwechseln ähnlich, aber es handelt sich um ein ganz anderes Gebäude. Hier findet zweimal in der Woche der **Mercado de las Tradiciones** 4 statt, ein Markt mit lokalen Lebensmitteln und kunsthandwerklichen Produkten. Doch auch die weniger traditionelle Kultur hat ihren Platz

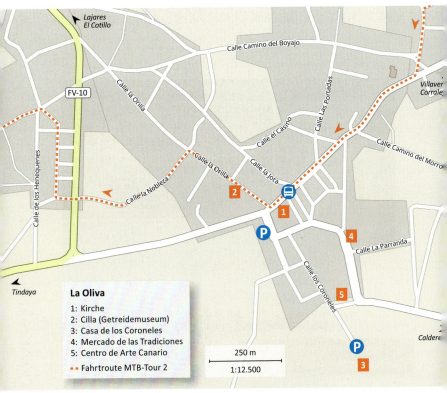

La Oliva
1: Kirche
2: Cilla (Getreidemuseum)
3: Casa de los Coroneles
4: Mercado de las Tradiciones
5: Centro de Arte Canario
- - Fahrtroute MTB-Tour 2

250 m
1:12.500

1.7. Der Norden – La Oliva

in La Oliva: In der Casa Mané, einem restaurierten Herrenhaus, wurde ab 1991 auf Initiative des Galeristen Manuel Delgado Camino das **Centro de Arte Canario** 5 eingerichtet. Die ausgedehnten Gebäude, die von einer kleinen Gartenanlage umgeben sind, zeigen eine überraschend umfangreiche und vielfältige Ausstellung mit Werken von fast 70 zeitgenössischen kanarischen Künstlerinnen und Künstlern. Damit gibt das Centro de Arte Canario einen umfassenden Einblick in die lokale Szene und ist neben dem Centro de Arte Juan Ismael in Puerto del Rosario (➤ Seite 60) Fuerteventuras interessanteste Adresse für zeitgenössische Kunst!

Eine der interessantesten Adressen für zeitgenössische Kunst: das Centro de Arte Canario.

Wie man hinkommt

Parkplätze rund um die Kirche. Buslinien 7 und 8 nach Corralejo und El Cotillo, Linie 7 ab Puerto del Rosario.

Museo del Grano La Cilla: *In der Calle La Orilla (von der Kirche 150 m Richtung Nordwesten). Di 10:00-15:00 und 16:00-18:00 Uhr, Fr 10:00-15:00, Sa 10:00-16:00 Uhr, Mo, Mi, Do geschlossen. Eintritt 1,50 €, Kinder bis 11 frei.*

Casa de los Coroneles: *Am südlichen Ortsrand, von der Kirche gut 500 m durch die Calle de los Coroneles. Di-Sa 10:00-18:00 Uhr, Eintritt 3,00 €. Tel. 34 928 868 280, www.lacasadeloscoroneles.org*

Mercado de las Tradiciones: *In der Casa del Coronel. Di und Fr 10:00-14:00 Uhr, Eintritt frei.*

Centro de Arte Canario: *Zwischen Kirche und Casa de los Coroneles. Mo-Fr 10:00-17:00 Uhr, Sa 10:00-14:00 Uhr. Tel. 0034 928 868 233, www.centrodeartecanario.com*

GPS-Wegpunkt 14 (Kirche):   28,61116 -13,92807
GPS-Wegpunkt 15 (Casa de los Coroneles): 28,60653 -13,92507

1.8. Der Norden – Playa de Tebeto und Playa de Jarugo

—— **Playa de Tebeto und Playa de Jarugo** ——

Westlich von Tindaya zieht sich ein weites, flaches Plateau bis zur Küste hinunter, um dort mit steilen Hängen zum Meer hin abzubrechen. Hier verbergen sich die beiden großartigen Sandstrände Playa de Tebeto und Playa de Jarugo. Beide sind völlig unverbaut und bieten keinerlei Serviceleistungen, dafür eine herrlich wilde und vom Tourismus weitgehend unbeeinflusste Atmosphäre. Ziemlich abgelegen, weit weg von den Ferienorten und nicht ganz einfach zu finden, können sie durchaus noch als Geheimtipp bezeichnet werden. Es sind größtenteils Einheimische, die hierherkommen, während der Wochentage ist kaum etwas los. Zum Baden sind beide Strände freilich nur eingeschränkt zu empfehlen, da die Brandung – wie überall an der Westküste – meistens recht stark ist und gefährliche Unterströmungen auftreten können.

> **Pflicht oder nicht?**
> • • • • *top, unbedingt machen!*
> • • • *sollte man erlebt haben*
> • • *nette Abwechslung*
> • *man versäumt nicht viel*
>
> *Die beiden abgelegenen, naturbelassenen Strände sind ein schöner Ort für einen entspannten Nachmittag.*

Die beiden Strände sind über eine sieben Kilometer lange staubige Piste erreichbar, die immerhin in so gutem Zustand ist, dass man sie auch mit einem nicht geländegängigen Fahrzeug ohne Weiteres befahren kann (sofern man sie nicht mit dem Mountainbike erkunden will:

Die Playa de Tebeto liegt am Fuß des Küstenplateaus.

1.8. Der Norden – Playa de Tebeto und Playa de Jarugo

➤ Seiten 153 und 158). Vom Pistenbeginn bei Tindaya geht es zunächst knapp vier Kilometer weit zur Küste hinunter, wo sich am unteren Ende eines Barrancos die **Playa de Tebeto** befindet. Der Strand ist von der Piste aus nicht zu sehen, auch der Weg vom oberen Rand des Küstenplateaus hinunter ist nicht ganz so leicht zu finden: Am Südrand des Barrancos beginnt bei einer vom Wasser ausgespülten Rinne ein Trampelpfad. Hat man diesen Einstieg erst einmal gefunden, ist der Weg überraschend unkompliziert. Im weiteren Verlauf passiert die Piste die kleinere Playa de la Mujer, die unzugänglich am Fuß eines brüchigen Steilhangs liegt.

3	**Von Tindaya nach El Puertito de los Molinos**
	Technik ● ● ● ● ○
	Kondition ● ● ● ● ○
	➤ Seite 153
4	**Von Tindaya zur Playa de Jarugo**
	Technik ● ● ○ ○ ○
	Kondition ● ● ● ○ ○
	➤ Seite 158

MTB-Touren

Der interessanteste dieser Strände ist die **Playa de Jarugo** (gelegentlich auch *Playa de Jarubio* oder *Playa de Janubio* genannt), die drei Kilometer weiter südlich liegt: Die Piste endet oberhalb des Strands, ein unkomplizierter Pfad führt durch die Dünen in wenigen Minuten hinunter. Unten wartet ein mit über 300 Metern Länge recht ausgedehnter Strand; die nördliche Hälfte ist eine weitläufige Sandfläche, im südlichen Abschnitt gibt es schöne Felsformationen, die vor der Brandung geschützte flache Becken bilden.

Die Playa de Jarugo ist von niedrigen Felsen durchsetzt.

Thema: Montaña Tindaya

> **Wie man hinkommt**
>
> *Am westlichen Ortsrand von Tindaya (von der Kirche 1,3 km Richtung Meer) zweigt bei einer breiten Einmündung mit Verkehrsinsel eine kleinere Straße nach Süden ab (Holzschild „Playa de Jarugo"). An einer Gabelung nach 130 m rechts auf eine Piste, vorbei an einer Windmühle. An einer Gabelung 170 m nach der Windmühle links an einigen letzten Häusern vorbei. 400 m nach dieser Gabelung trifft die Piste auf eine kleine Asphaltstraße, gleich darauf zweigt eine breite, unbefestigte Piste halbrechts ab. Diese Piste erreicht nach 3,5 km an der Playa Tebeto die Küste und von dort aus nach weiteren 3,2 km die Playa de Jarugo.*
>
> *Detailkarte auf S. 160*
>
> GPS-Wegpunkt 16 (Playa de Tebeto): 28,59052 -14,03462
> GPS-Wegpunkt 17 (Playa de Jarugo): 28,57126 -14,04817

Thema: **Montaña Tindaya**

Der Vulkankegel der Montaña Tindaya überragt weithin sichtbar die umgebende Landschaft um mehr als 200 Meter. Die Guanchen, die prähispanischen Ureinwohner Fuerteventuras (▶ Seite 63), verehrten den Berg als heiligen Ort und hinterließen in der Nähe des Gipfels eine Vielzahl von Felsritzzeichnungen, die ihn zu einer archäologischen Stätte von herausragender Bedeutung machen. Diese erst 1978 entdeckten Petroglyphen zeigen stilisierte Fußabdrücke, die „Podomorfos", außerdem wurden Spuren von Kultstät-

Der Vulkan überragt die Umgebung um 200 Meter.

ten mit astronomischer Ausrichtung gefunden. Für Touristen ist der Berg leider nicht zugänglich: Da es in der Vergangenheit immer wieder zu Beschädigungen der Petroglyphen durch Besucher gekommen ist, darf man nur noch mit einer Sondergenehmigung hinaufsteigen, die für Außenstehende kaum zu bekommen ist.

In den Neunzigerjahren geriet die Montaña Tindaya auf andere Art ins Licht der Öffentlichkeit, als der baskische Bildhauer Eduardo Chillida seine Pläne für ein spektakuläres Kunstprojekt bekannt gab: Er wollte im Inneren des Berges, knapp unter dem Gipfel, einen würfelförmigen Raum mit einer Kantenlänge von 50 Metern aushöhlen, der durch einen waagerechten Gang und zwei senkrechte Schächte mit der Außenwelt verbunden sein sollte. Ein „Museum der Leere" sollte es sein, „ein Berg, in dem man einen großen Raum schafft, für alle Menschen, egal welcher Rasse und Farbe – eine große Skulptur der Toleranz", so Chillida. Umweltschützer und Archäologen konnten diesen hehren Motiven nicht ganz folgen und kritisierten die Pläne heftig, sie sprachen von der Entweihung der heiligen Stätte und befürchteten eine ernsthafte Beeinträchtigung der archäologischen Funde, sogar einen Einsturz der ausgehöhlten Bergspitze. Seitdem im Zuge der Planung und Vorbereitung öffentliche Gelder verschwanden, haftet dem Projekt zudem der hässliche Geruch der Korruption an. Mit Chillidas Tod im Jahr 2002 wurden die Pläne auf Eis gelegt; dass es noch zu einer Realisierung kommt, ist zwar nicht ausgeschlossen, derzeit aber sehr unwahrscheinlich. Visualisierungen findet man mit einer Google-Bildersuche nach „Chillida Tindaya".

Einzigartige Zeugnisse der Ureinwohner: die „Podomorfos".

1.9. Der Norden – Ecomuseo de La Alcogida

Ecomuseo de La Alcogida

Im südlichen Ortsbereich von Tefía, einer der typischen, weit auseinandergezogenen Ortschaften im Landesinneren Fuerteventuras, wurde eine Reihe von historischen Bauernhäusern an ihrem originalen Standort restauriert und zu einem Museum hergerichtet. Als einziges Freilichtmuseum für bäuerliche Kultur auf Fuerteventura ist das Ecomuseo de La Alcogida eine einzigartige Attraktion und in jedem Fall einen Besuch wert!

Pflicht oder nicht?

• • • • *top, unbedingt machen!*
• • • *sollte man erlebt haben*
• • *nette Abwechslung*
• *man versäumt nicht viel*

Nirgendwo sonst auf der Insel bekommt man einen so guten Einblick in die historische bäuerliche Kultur.

Insgesamt sieben Gebäude, die noch bis vor wenigen Jahrzehnten bewohnt waren, wurden restauriert und hergerichtet. Die meist einstöckigen Flachdachbauten zeigen die typische bäuerliche Architektur mit gekalkten Fassaden, die einige der Mauersteine sichtbar lassen. Im Inneren der Gebäude sieht man originale Einrichtungsstücke sowie Gegenstände des täglichen Lebens, von Werkzeugen über Dekoration bis zu Spielen. Da die Bewohner ein recht unterschiedliches Wohlstandsniveau hatten, bekommt man einen Einblick in verschiedene Facetten des bäuerlichen Daseins – von klein und ärmlich bis zu einigermaßen wohlhabend. Wirklich reich war freilich keiner der Bewohner, daher ist das Museum ein interessanter Kontrast zur Herrschaftsarchitektur der Casa de Los Coroneles in La

Das Museum gibt einen einzigartigen Einblick in die historische Wohnkultur.

1.9. Der Norden – Ecomuseo de La Alcogida

Oliva (➤ Seite 47). Im größten Gebäude, der Casa Teodosio, bekommt man sogar eine der wenigen vollständig erhaltenen Tahonas zu sehen, eine von einem Kamel oder einem Esel angetriebene Mühle. Doch zeigt das Museum nicht nur die Gebäude und Gerätschaften der Altvorderen, es hält auch ihre Traditionen am Leben: In einigen Häusern kann man Kunsthandwerkern bei der Arbeit zusehen, gelegentlich wird sogar im historischen Ofen Brot gebacken. Die Produkte, von Stickereien über Flechtwerk bis zu Töpferwaren, können gleich an Ort und Stelle gekauft werden und sind ein schönes, authentisches Souvenir.

In einem der Häuser gibt es eine restaurierte Tahona.

In der Nähe des Museums befinden sich zwei der typischen **Windmühlen** Fuerteventuras (➤ Seite 83): An der Hauptstraße zwischen Museum und Ortszentrum steht eine Molina, die an ihrem Holzgestell auf dem Dach eines einstöckigen Flachbaus erkennbar ist. An der Straße Richtung El Puertito de los Molinos sieht man eine Mühle des älteren Typs, einen Molino. Die Mühlen erlauben einen Vergleich der beiden Bautypen und ergänzen den Ausflug in die historische ländliche Kultur der Insel ganz hervorragend!

Die am Molino vorbeiführende Straße lohnt einen kleinen Abstecher: Sie endet nach acht Kilometern am Meer bei der winzigen Fischersiedlung **El Puertito de los Molinos**. Das „Mühlenhäfchen" be-

Geschickte Hände demonstrieren altes Handwerk wie Hohlsaumstickerei oder Palmblattflechterei.

1.10. Der Norden – Puerto del Rosario

steht aus nur wenigen Häusern in der traditionellen Bauweise, die sich um eine kleine Bucht mit einem Kiesstrand herum gruppieren. Nichts, was man unbedingt gesehen haben müsste, aber ein schöner und in seiner urigen Einfachheit sehr entspannender Ort – zumal es auch ein kleines Restaurant mit Blick aufs Meer gibt!

Urige Einfachheit: El Puertito de los Molinos.

> **Wie man hinkommt**
>
> ***Ecomuseo de La Alcogida:*** *Am südlichen Ortsrand von Tefía an der Straße Richtung Betancuria/Antigua (beschildert). Buslinie 2 ab Puerto del Rosario Richtung Vega de Río Palmas (nur 3x tgl.) Di-Sa 10:00-18:00 Uhr, Eintritt 5,00 €. Tel. 0034 928 175 434*
>
> ***Mühlen:*** *Die Molina steht an der Hauptstraße Richtung La Oliva, der Molino an der Straße Richtung El Puertito de los Molinos.*
>
> ***El Puertito de los Molinos:*** *Ab Tefía beschildert. Keine Busverbindung.*
>
> *GPS-Wegpunkt 18 (Museum):   28,52193 -13,99707*
> *GPS-Wegpunkt 19 (Pt. de los Molinos): 28,54376 -14,06325*

Puerto del Rosario

Die an der nördlichen Ostküste gelegene Inselhauptstadt Puerto del Rosario ist heute mit knapp 30.000 Einwohnern Fuerteventuras größte Stadt. Ihre Geschichte reicht nicht allzu lang zurück: Zwar gab es hier schon früh einen kleinen Hafen, doch wollte wegen der ständig drohenden Gefahr von Piratenüberfällen niemand dauerhaft dort leben. Erst um 1800 herum entstand langsam eine Siedlung, im Lauf des 19. Jahrhunderts gewann der Hafen an Bedeutung und sorgte für ein starkes Wachstum und einen gewissen Wohlstand. 1860 wurde Puerto del Rosario zur In-

> **Pflicht oder nicht?**
>
> •••• *top, unbedingt machen!*
> •••   *sollte man erlebt haben*
> ••   *nette Abwechslung*
> •   *man versäumt nicht viel*
>
> *Die Hauptstadt ist interessant, wenn man ein bisschen Urbanität schnuppern möchte.*

1.10. Der Norden – Puerto del Rosario

selhauptstadt erklärt (bis dahin war es offiziell Betancuria, de facto La Oliva). Zu dieser Zeit hieß die Stadt noch *Puerto de Cabras*; der nicht allzu charmante Name, der „Ziegenhafen" bedeutet, wurde erst 1956 in die schmückendere Bezeichnung „Hafen des Rosenkranzes" umgewandelt. Heute ist Puerto del Rosario Standort des größten Industriehafens Fuerteventuras, über den der gesamte Schiffsfrachtverkehr der Insel abgewickelt wird, sowie Wirtschafts- und Versorgungszentrum für die Einwohner in weitem Umkreis. An der Peripherie ziehen sich ausufernde Gewerbezonen in die Fläche, einige Kilometer südlich befindet sich Fuerteventuras Flughafen.

Auf der Liste der touristisch interessanten Orte der Insel steht Puerto del Rosario nicht sonderlich weit oben, und die meisten Besucher Fuerteventuras kommen gar nicht auf die Idee, einen Ausflug hierher zu machen. Zugegeben: Die Attraktivität der Stadt hält sich in Grenzen. Mit historischen Sehenswürdigkeiten sieht es hier schlecht aus, auch mit Stränden ist die Hauptstadt nicht sehr gut ausgestattet. Dennoch, so uninteressant ist sie auch wieder nicht: Sie ist vom Tourismus kaum beeinflusst und ermöglicht einen guten Blick auf das authentische einheimische Leben, auch wenn es nicht gerade eine pulsierende Metropole ist. In den letzten Jahren wurde außerdem viel unternommen, um das Zentrum um den Hafen herum für Fußgänger attraktiver zu gestalten, und das Ergebnis kann sich durchaus sehen lassen!

Die Hauptachse der Innenstadt ist die Calle Leon y Castillo, die an der Hauptkirche **Nuestra Señora del Rosario** 1 vorbei zum Meer hinunter führt. Die Kirche wurde im Wesentlichen im 19. Jahrhundert erbaut,

Die Hafenpromenade ist recht hübsch gestaltet worden.

1.10. Der Norden – Puerto del Rosario

die eher bescheidene Fassade kam sogar erst um 1930 hinzu – mit dem ekletizistischen Stil gehört sie nicht zu den kunsthistorisch bedeutenden Gebäuden der Insel. Die Calle Leon y Castillo und ihre in einem rechtwinkligen Muster angelegten Nebenstraßen bilden das Zentrum der Stadt mit allen wichtigen Verwaltungsgebäuden vom Rathaus bis zum Sitz der Inselregierung. Hinter der Kirche zweigt die Calle Primero de Mayo als breite Fußgängerzone mit zahlreichen Geschäften, Cafés und Bars ab. Neben der Kirche, in der parallel zur Calle Leon y Castillo verlaufenden Calle Virgen del Rosario, befindet sich das Haus, in dem der verbannte Dichter Miguel de Unamuno 1924 für wenige Monate lebte. Das Haus ist heute als **Casa Museo de Unamuno** 2 zu besichtigen; große Teile der originalen Einrichtung blieben erhalten und geben einen Einblick in die Wohnkultur dieser Zeit – nichts wirklich Besonderes, immerhin aber kostenlos.

Die **Promenade** 3 am meerseitigen Ende der Calle Leon y Castillo wurde in den letzten Jahren mit bunten Mosaiken, zahlreichen Sitzgelegenheiten und vielen (bisher noch recht kleinen) Bäumen durchaus hübsch gestaltet. Gegenüber ragt die riesige Hafenmole fast 900 Meter weit ins Meer hinaus, Fähren und Frachter schaffen eine Atmosphäre der Weltläufigkeit. Im südlichen Hafenbereich befindet sich eine etwas kleinere Mole, an der die Kreuzfahrtschiffe anlegen, sowie der **Jachthafen** 4. Geht man daran vorbei noch 300 Meter weiter nach Süden, erreicht man den kleinen Stadtstrand **Playa de los Pozos** 5. Mit einer Länge von rund 130 Metern ist die Strandzone ziemlich klein, und gewiss hat Fuerteventura schönere Strände zu bieten – aber die Lage mitten in der Stadt mit Blick auf die Hafenanlagen hat ihren Reiz! Deutlich mehr Platz gibt es an der über 500 Meter langen **Playa Blanca** am südlichen Stadtrand, rund drei Kilometer vom Zentrum entfernt.

Thema: **Miguel de Unamuno**

In den 1920er- und 1930er-Jahren war Puerto del Rosario (das damals noch Puerto de Cabras hieß) Verbannungsort für viele Personen, die den Regierenden auf dem spanischen Festland im Weg waren. Der bekannteste von ihnen ist der baskische Schriftsteller Miguel de Unamuno (1864-1936), der durch sein politisches Engagement aufseiten der armen Bevölkerung gegen die damals noch herrschenden feudalistischen Zustände und durch Angriffe auf die spanische Monarchie unbequem geworden war. Die langjährigen Repressalien gegen ihn gipfelten 1924 in einer Verbannung nach Fuerteventura. Unamuno hatte zu dieser Zeit bereits zahlreiche Bewunderer, so dass sein Haus in Puerto de Cabras (heute die Casa Museo den Unamuno) zu einem Treffpunkt der intellektuellen Szene Fuerteventuras wurde. Freilich nur für kurze Zeit: Schon nach vier Monaten ging der Dichter ins Exil nach Paris.

Miguel de Unamuno ist der bekannteste der Verbannten Fuerteventuras.

1.10. Der Norden – Puerto del Rosario

Doch auch für Kunstfreunde hat die Stadt etwas zu bieten: Über die gesamte Innenstadt sind mehr als 100 Skulpturen zeitgenössischer Künstler verstreut, die zwischen 2001 und 2006 im Rahmen eines jährlichen Bildhauersymposiums entstanden sind. Die Künstler stammen überwiegend von den Kanaren, aber auch aus dem festländischen Spanien und anderen Ländern. Eine Pflichtadresse für Kunstinteressierte ist das **Centro de Arte Juan Ismael** 6, das sich ein Stück nördlich des Hafens, jenseits der großen Hauptmole, befindet. Das Zentrum für zeitgenössische Kunst zeigt auf großzügigen drei Etagen Werke des aus La Oliva stammenden Surrealisten Juan Ismael (1907-1981) und wechselnde Ausstellungen mit Arbeiten anderer Künstler.

Playa de los Pozos: urbanes Flair mit Hafenblick.

Wie man hinkommt

Das Parken in der Innenstadt ist im Allgemeinen problemlos, es gibt reichlich gebührenfreie Plätze an den Straßen sowie einen Parkplatz im südlichen Hafenbereich (beim Jachthafen). Der Busbahnhof mit Verbindungen in fast alle Orte der Insel befindet sich an der Avenida de la Constitución. www.turismo-puertodelrosario.org

Casa Museo de Unamuno: *Calle Virgen del Rosario 11 . Mo-Fr 9:00-14:00 Uhr, Eintritt frei.*

Centro de Arte Juan Ismael: *Calle Almirante Lallermand 30. Di-Sa 10:00-13:00 und 17:00-21:00 Uhr, Eintritt frei.*

Playa Blanca: *Am südlichen Stadtrand (Richtung Flughafen), Zufahrt von der FV-2 beschildert.*

GPS-Wegpunkt 20 (Parkpl. Jachthafen):	28,49699	-13,85919
GPS-Wegpunkt 21 (Kirche):	28,49906	-13,86081
GPS-Wegpunkt 22 (Centro de Arte):	28,50051	-13,85235
GPS-Wegpunkt 23 (Playa Blanca):	28,47663	-13,86677

Teil 2

Die Mitte

Im Bergland rund um die historische Inselhauptstadt Betancuria verstecken sich gleich eine ganze Reihe historisch interessanter Ortschaften, und in der östlich angrenzenden Ebene erlauben Museen einen Einblick in die historische Kultur der Windmühlen. Die Ostküste zählt mit ihrer rauen Landschaft nicht zu den schönsten Gegenden Fuerteventuras; dennoch gibt es auch hier einige versteckte Attraktionen, die einen Ausflug lohnen.

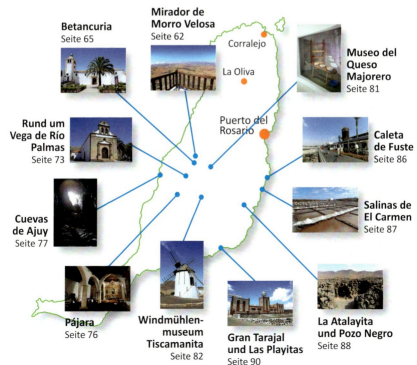

Betancuria
Seite 65

Mirador de Morro Velosa
Seite 62

Museo del Queso Majorero
Seite 81

Rund um Vega de Río Palmas
Seite 73

Caleta de Fuste
Seite 86

Cuevas de Ajuy
Seite 77

Salinas de El Carmen
Seite 87

Pájara
Seite 76

Windmühlenmuseum Tiscamanita
Seite 82

Gran Tarajal und Las Playitas
Seite 90

La Atalayita und Pozo Negro
Seite 88

Mirador de Morro Velosa

Mit ihren landschaftlichen und kulturellen Sehenswürdigkeiten ist die FV-30, die das Bergland Fuerteventuras in Nord-Süd-Richtung durchquert, die beliebteste Ausflugsroute der Insel. Wenn man aus Richtung Norden kommt, erreicht man als erste Attraktion den Aussichtspunkt **Mirador de Morro Velosa**, der am Ende einer kleinen Stichstraße die nördlich angrenzende Ebene um fast 400 Meter überragt. In den Neunzigerjahren wurde hier ein (immerhin recht geschmackvolles) Gebäude mit Restaurant und Souvenirshop errichtet. Knapp 300 Meter südlich der Abzweigung zum Mirador de Morro Velosa erreicht die FV-30 ihren höchsten Punkt; direkt an der Passhöhe gibt es einen weiteren Aussichtspunkt, den **Mirador de Guise y Ayoze**. Er ist nach den beiden letzten prähispanischen Herrschern Fuerteventuras benannt, deren Bronzefiguren 2008 hier aufgestellt wurden.

> **Pflicht oder nicht?**
>
> •••• *top, unbedingt machen!*
> •••   *sollte man erlebt haben*
> ••   *nette Abwechslung*
> •   *man versäumt nicht viel*
>
> *Bei einem Ausflug ins Bergland um Betancuria lohnt sich ein kurzer Abstecher.*

Der Mirador de Morro Velosa bietet einen weiten Blick über das Tiefland.

> **Wie man hinkommt**
>
> **Mirador de Morro Velosa:** An der FV-30 nördlich von Betancuria (von der Abzweigung ca. 1 km). Keine Busverbindung. Di-Sa 10:00-18:00 Uhr, Eintritt frei.
>
> *GPS-Wegpunkt 24: 28,43843 -14,05022*
>
> **Mirador de Guise y Ayoze:** Von der Abzweigung zum Mirador de Morro Velosa 300 m Richtung Betancuria.
>
> *GPS-Wegpunkt 25: 28,44077 -14,05613*

Thema: **Die Guanchen**

Als die Spanier während des 15. Jahrhunderts die Kanaren in Besitz nahmen, trafen sie dort auf die zwar steinzeitliche, aber komplex organisierte Kultur der kanarischen Ureinwohner, der Guanchen. Wann und woher diese Menschen kamen, ist bis heute nicht zweifelsfrei geklärt; sicher weiß man, dass die Inseln spätestens um 1000 v. Chr. besiedelt waren, manche Wissenschaftler gehen sogar von einer Erstbesiedelung um 3000 v. Chr. aus, was aber umstritten ist. Wahrscheinlich hat es mehrere Siedlungswellen sowohl aus Südwesteuropa als auch aus Nordafrika gegeben, denn vieles deutet auf eine Mischbevölkerung aus diesen beiden Herkunftsregionen hin.

Die Guanchen lebten in einer steinzeitlichen Kultur, sie kannten keine Schrift und keine Metallverarbeitung. Da sie auch die Schifffahrt nicht beherrschten, gab es keinen Austausch zwischen den verschiedenen Inseln. Ihre Ernährung basierte in erster Linie auf Weidewirtschaft mit Ziegen, Schafen und Schweinen sowie Getreideanbau, in geringem Maß ergänzt durch Fischfang. Die Herstellung von Gefäßen und anderen Gegenständen aus Keramik war weit verbreitet, eine große Zahl davon ist bis heute erhalten geblieben.

Die Gesellschaft der Guanchen war keineswegs egalitär, es gab vielmehr strenge Hierarchien: Eine zahlenmäßig geringe Oberschicht, dem europäischen Adel vergleichbar, herrschte über eine breite Unterschicht, die die Produktivarbeit leistete. An der Spitze standen gewählte Herrscher. Dieses Amt war den Männern vorbehalten, davon

Am Mirador Guize y Ayoze wurden die letzten Guanchenherrscher Fuerteventuras verewigt.

abgesehen war die gesellschaftliche Stellung der Frauen aber recht hoch: Es gibt Überlieferungen, die von Priesterinnen, Heilerinnen und sogar Richterinnen von beträchtlicher Macht berichten. Die religiösen Vorstellungen der Guanchen lassen sich heute nur noch schwer nachvollziehen. Man kann aber davon ausgehen, dass sie Sonne, Mond und Sterne verehrten sowie einen höchsten Gott und Mutter Erde als Fruchtbarkeitsgöttin. Markante Gipfel und Felsen wie etwa die Montaña Tindaya (➤ Seite 52) waren heilige Orte, an denen sie mit Opferzeremonien Kontakt zu den Gottheiten aufnahmen. Dabei wurden vermutlich Nahrungsmittel wie Milch und Honig dargeboten, Tieropfer gab es nicht.

Schon seit der Antike wurden die Kanaren immer wieder von Seefahrervölkern wie den Phöniziern und den Römern besucht, die sich allerdings nicht dauerhaft ansiedelten und kaum Spuren hinterließen. Das änderte sich erst mit dem Eroberungszug des Jean de Béthencourt, der im Auftrag der spanischen Krone 1403 zunächst Lanzarote und 1405 Fuerteventura für Spanien in Besitz nahm (➤ Seite 70). Auf den übrigen Kanareninseln war der Widerstand der zwar waffentechnisch unterlegenen, aber recht zahlreichen Guanchen stärker: Über fast das gesamte 15. Jahrhundert hinweg unterwarfen spanische Truppen in langen Kriegen die übrigen Inseln, als Letztes eroberten sie 1496 Teneriffa.

Die Guanchen erlitten das übliche Schicksal der von Europäern unterworfenen Völker: Wer nicht in den Kriegen schon ums Leben gekommen war, wurde versklavt, nur diejenigen, die sich während der Eroberung kooperativ gezeigt hatten, durften auf eine bessere Behandlung hoffen. Die Guanchen wurden christianisiert und in die Gesellschaft der Spanier integriert, ihre Kultur ging fast vollständig verloren und lässt sich nur mühsam anhand archäologischer Funde und einiger weniger Überlieferungen spanischer Chronisten rekonstruieren.

Heute wird das Erbe der Guanchen als elementarer Bestandteil der kanarischen Kultur betrachtet und in großen Ehren gehalten. Viele heutige Kanarier führen ihre eigene Abstammung mit Stolz auf die prähispanischen Vorfahren zurück, und an einigen Orten werden deren letzte Herrscher mit monumentalen Standbildern gewürdigt.

Betancuria

Gleich nachdem er Fuerteventura 1405 unter seine Herrschaft gebracht hatte, gründete der Eroberer Jean de Béthencourt (> Seite 70) eine Stadt, die er nach sich selbst benannte: Betancuria. Der Ort war sorgfältig gewählt: In einem verhältnismäßig fruchtbaren und vor dem austrocknenden Wind geschützten Tal, weit von den Küsten entfernt, an denen Überfälle von Piraten eine ständige Bedrohung waren. 1593 gelangten nordafrikanische Piraten dennoch hierher, die Stadt wurde weitgehend verwüstet.

Über Jahrhunderte war Betancuria die offizielle Hauptstadt Fuerteventuras und verlor diesen Status erst Mitte des 19. Jahrhunderts an Puerto del Rosario (> Seite 56) – wobei freilich gesagt werden muss, dass bereits ab 1708 de facto La Oliva (> Seite 45) Regierungssitz und Hauptstadt war. Dieser Bedeutungsverlust

> • • • • top, unbedingt machen!
> • • • *sollte man erlebt haben*
> • • nette Abwechslung
> • man versäumt nicht viel
>
> *Auch wenn es letztlich nicht allzu viel zu sehen gibt: Der Weg nach Betancuria lohnt sich alleine wegen der Kirche!*

Pflicht oder nicht?

war allerdings auch ein Vorteil: Betancuria ist im 19. und 20. Jahrhundert kaum noch gewachsen und blieb dadurch quasi im historischen Zustand konserviert. Heute ist es ein bescheidenes Dorf, dessen alte Bausubstanz kaum von modernen Bausünden beeinträchtigt wird. Vor allem in den letzten Jahren wurde Betancuria gezielt zu einer der Top-Sehenswürdigkeiten der Insel aufgebaut, und nach umfassenden Restaurierungen erstrahlt der ganze Ort im blendenden Weiß der gekalkten Fassaden mit den typischen dunklen Ziersteinen.

Betancuria hat sein historisches Ortsbild bewahren können.

2.2. Die Mitte – Betancuria

Auffälliger Mittelpunkt ist die erstaunlich große **Iglesia de Santa María** 1, Fuerteventuras bedeutendste und in jedem Fall auch schönste Kirche. Sie geht auf einen Vorgängerbau zurück, der hier ab 1410 errichtet wurde und sich ab 1424 sogar mit dem Titel „Kathedrale" schmücken durfte, als in Betancuria ein Bistum eingerichtet wurde – freilich nur für sechs Jahre, dann wurde die Insel dem Bischof von Lanzarote unterstellt. Das heutige Bauwerk wurde im 17. Jahrhundert als Wehrkirche mit massiven Mauern erbaut, die der Bevölkerung im Fall eines Angriffs einen gewissen Schutz boten. Das Seitenportal, durch das die Kirche von ihrem großzügigen Vorplatz aus betreten wird, ist im Stil der Spätrenaissance gebaut, im Portalgiebel erinnert eine Bischofsmütze an die kurze Zeit als Kathedrale. Beim Betreten des weitläufigen Innenraums fällt der Blick zunächst auf den großartigen barocken Hauptaltar, der 1684 aufgestellt wurde. Mit seiner überaus reichen Dekoration aus Gemälden und kunstvoll bemalten und teilweise vergoldeten Schnitzornamenten zählt er zu den bedeutendsten historischen Kunstschätzen der Kanaren! Der Altarraum wird überwölbt von einer filigran

Betancuria
1: Iglesia de Santa María
2: Casa Santa Maria
3: Conv. de San Buenaventura
4: Ermita de San Diego
5: archäologisches Museum
6/7: Norias

2.2. Die Mitte – Betancuria

geschnitzten Holzdecke aus dem 17. Jahrhundert. Im Hauptschiff ist die Verzierung der Balken nicht ganz so opulent, aber auch hier lohnt es sich, auf die Details zu achten, die auf den ersten Blick nicht auffallen. Der Kirche angeschlossen ist ein kleines Museum mit sakralen Gegenständen.

Nicht weit von der Kirche wurde der herrschaftliche Gutshof **Casa Santa María** 2 aus dem 17. Jahrhundert von dem deutschen Fotografen und Designer Reiner Loos, der seit 1997 auf der Insel lebt, als eine Art Informations- und Unterhaltungszentrum eingerichtet. Es gibt ein kleines Museum mit einer Sammlung historischer landwirtschaftlicher Geräte, Informationen über die Vogelwelt und eine Multivisionsschau über die Insel. Interessanter sind die stets anwesenden Handwerker, denen man bei ihren traditionellen Arbeitstechniken zusehen kann. Die Anlage ist größer, als es von außen scheint, und hat noch Platz für einen Souvenirladen, eine Cafeteria sowie eine kleine Gartenanlage. Das alles ist sehr aufwendig und durchaus hochklassig, wenn auch nicht ganz kitschfrei gestaltet und damit durchaus ein Tipp – sofern man sich nicht daran stört, dass sich das Angebot vor allem an die Kunden der zahlreichen Busausflüge richtet und es daher auch durchaus etwas voll werden kann.

Die Iglesia de Santa María ist die schönste Kirche der Insel.

Ein weiteres bedeutendes historisches Gebäude ist die Ruine des **Convento de San Buenaventura** 3, die sich ein Stück vom Zentrum entfernt am nördlichen Ortsrand befindet. Das Kloster wurde 1416 als erstes Kloster auf den Kanaren überhaupt von sieben Franziskanermönchen gegründet, die mit den Eroberern auf die Insel gekommen waren, um die Christianisierung der Ureinwohner voranzutreiben. Die gotische Klosterkirche wurde bei dem Piratenüberfall von 1593 verwüstet und nie wieder aufgebaut. Heute hat die dachlose, ansonsten aber gut erhaltene Ruine eine ausgesprochen malerische Anmutung. Gegenüber befindet sich die kleine Kapelle **Ermita de San Diego** 4. Sie erinnert an den heiligen Diego de Alcalá, der Mitte des 15. Jahrhunderts Abt des Klosters war und später heiliggesprochen wurde. Kurz nach seinem Tod wurde eine erste Kapelle errichtet, der heutige, meist verschlossene Bau stammt im Wesentlichen aus dem 17. Jahrhundert.

Das **archäologische Museum** 5 im Ortszentrum war zum Zeitpunkt der Recherche wegen umfangreichen Umbaumaßnahmen geschlossen und kann daher nicht beschrieben werden. Sobald es wieder geöffnet ist, wird es sicherlich interessant sein – alleine schon, weil es das einzige archäologische Museum der ganzen Insel ist. Bemerkenswerte technische Denkmale sind die beiden **Norias** 6/7, die man (etwas versteckt) in der Nähe des Museums findet: Eine Noria ist ein Wasserhebewerk, bei dem ein im Kreis gehendes Tier (meist ein Esel) eine komplizierte Mechanik antrieb, die Wasser aus einem Brunnenschacht nach oben schöpfte. Diese aus dem arabischen Raum stammende Technik war auf Fuerteventura vom späten 19. Jahrhundert an in Gebrauch. In Betancuria kann man gleich zwei restaurierte Norias sehen:

Vom Kloster blieb nur eine malerische Ruine.

2.2. Die Mitte – Betancuria

Eine befindet sich in der Nähe des Parkplatzes im südlichen Ortsbereich, eine weitere östlich der Hauptstraße.

Keine Frage: Betancuria ist die bedeutendste historische Ortschaft Fuerteventuras, und alleine die großartige Kirche lohnt schon den Weg. Allerdings sollte man auch nicht zu viel erwarten: Der Ort ist wirklich sehr klein, selbst wenn man sich Zeit lässt, hat man in einer bis zwei Stunden alles gesehen. Außerdem kann es durch die intensive Vermarktung als Top-Attraktion des „alten Fuerteventura" hier vor allem um die Mittagszeit, wenn die zahlreichen Ausflugsbusse eintreffen, auch unangenehm voll werden.

In Betancuria blieben zwei Norias erhalten.

Wie man hinkommt

Es gibt einen kleinen Parkplatz am nördlichen und einen größeren am südlichen Ortsrand (beide kostenlos, beschildert). Buslinie 2 von Puerto del Rosario nach Pájara, nur 3-4x tägl.

Iglesia de Santa María: *Tägl. 10:00-12:30 und 13:00-15:50 Uhr, Eintritt 1,50 € (inkl. Museum).*

Casa Santa María: *Gegenüber der Kirche. Mo-Sa 11:00-15:30 Uhr, Eintritt 6,00 €. www.casasantamaria.net*

Museo Arqueológico: *An der Durchgangsstraße in der Ortsmitte. Zuletzt geschlossen; nach der Wiedereröffnung wahrscheinlich Di-Sa 10:00-18:00 Uhr.*

Convento de San Buenaventura: *Am nördlichen Ortsrand neben der Straße. Vom Zentrum durch die Calla Garachico oberhalb der Kirche oder durch die Calle Presidente Hormiga, jeweils ca. 400-500 m. Frei zugänglich.*

Norias: *Nördlich des Parkplatzes (Wegweiser „camino irregular") sowie östlich der Hauptstraße (gegenüber des Aloe Vera-Shops).*

GPS-Wegpunkt 26 (Parkplatz):   28,42279 -14,05798
GPS-Wegpunkt 27 (Kirche):   28,42512 -14,05726
GPS-Wegpunkt 28 (Klosterruine):   28,42872 -14,05706

Thema: Fuerteventuras Geschichte

Thema: **Fuerteventuras Geschichte**

Die prähispanische Epoche

Die Guanchen, die prähispanischen Ureinwohner (▶ Seite 63), waren über Jahrtausende die einzigen ständigen Bewohner Fuerteventuras. Das heißt jedoch nicht, dass die Kanaren den europäischen, mediterranen und arabischen Seefahrern unbekannt waren: Archäologische Funde belegen, dass die Inseln bereits im 10. vorchristlichen Jahrhundert von den Phöniziern und später von den Römern angesteuert wurden. Aus dem Mittelalter gibt es zahlreiche Berichte von Fahrten zu den Kanaren, und auf Seekarten aus dem 14. Jahrhundert sind sie präzise verzeichnet. Während dieser Zeit dürften immer wieder europäische und arabische Seefahrer auf Fuerteventura gelandet sein, die die Insel vermutlich als Stützpunkt für Handelsfahrten oder Raubzüge an der afrikanischen Küste nutzten.

Die Eroberung

Jedoch hatte keine dieser Parteien Interesse an einer dauerhaften und vollständigen Eroberung Fuerteventuras, die Insel blieb unter der Herrschaft der Guanchen. Das änderte sich erst 1402, als der normannische Adlige Jean de Béthencourt im Auftrag des Königs von Kastilien aufbrach, um die Kanarischen Inseln für die spanische Krone in Besitz zu nehmen. Er landete zunächst auf Lanzarote und hatte dort leichtes Spiel: Teilweise von den untereinander rivalisierenden Guanchen unterstützt, hatte er die Insel bereits im folgenden Jahr vollständig unter seine Gewalt gebracht.

Gleich nachdem er seine Herrschaft auf Lanzarote etabliert hatte, begann Béthencourt im Jahr 1404 einen Eroberungskrieg auf Fuerteventura, das zu dieser Zeit in zwei

Jean de Béthencourt eroberte Fuerteventura für die spanische Krone.

Reiche aufgeteilt war. Die Ureinwohner hatten der Militärmacht der Franzosen, die inzwischen von der spanischen Krone mit erheblichen Mitteln ausgestattet worden waren, wenig entgegenzusetzen; schon im Januar 1405 war der Krieg beendet, die beiden letzten Guanchenherrscher Fuerteventuras, Guize und Ayoze, ließen sich zusammen mit ihren Gefolgsleuten taufen. Durch diese Unterwerfung verloren sie zwar ihre Herrschaft, konnten jedoch auf der Insel bleiben und als Vasallen der Spanier weiterhin in einer privilegierten Stellung leben. Im selben Jahr eroberte Béthencourt noch die weit im äußersten Westen des Archipels gelegene kleine Insel El Hierro. An den anderen Kanareninseln scheiterte er jedoch, diese gelangten erst viele Jahrzehnte später durch andere Eroberer unter spanische Herrschaft. Béthencourt war nun offizieller Herrscher über Lanzarote und Fuerteventura, allerdings hielt es ihn nicht lange dort: 1412 übergab er die Herrschaft an seinen Neffen Maciot und kehrte in die heimatliche Normandie zurück.

Die spanische Epoche

Ab dem späten 15. Jahrhundert wurde auf den weiter westlich gelegenen Kanareninseln, die deutlich regenreicher sind, in großem Stil zunächst Zuckerrohr und später Wein für den Export angebaut. Das lukrative Geschäft zog zahlreiche Siedler dorthin, unter denen sich eine wohlhabende Oberschicht bildete. Auf Fuerteventura und Lanzarote war der Anbau der gewinnbringenden Exportprodukte durch die Trockenheit nicht möglich, lediglich Getreideanbau und Viehzucht – überwiegend mit den genügsamen Ziegen – konnten sinnvoll betrieben werden. Dies diente nicht nur für den Eigenbedarf, sondern auch zur Versorgung der anderen Kanareninseln, wo die Anbauflächen für den lukrativeren Zuckerrohr- und Weinanbau gebraucht wurden. Dennoch war die Landwirtschaft hier ein kärgliches Geschäft, die Bevölkerungszahl blieb gering.

Hinzu kam, dass Fuerteventura in Besitz von Feudalherren war, die hohe Exportzölle verlangten, während Gran Canaria und Teneriffa direkt dem spanischen Königshaus unterstellt waren, das eine wirtschaftsfreundlichere Politik betrieb. Aus diesen Gründen blieb die wirtschaftliche Entwicklung auf Lanzarote und Fuerteventura weit hinter der der westlich gelegenen Inseln zurück – die beiden

Ostinseln waren zwar die Kornkammern, aber auch die Armenhäuser der Kanaren. Nicht einmal die Feudalherren wollten hier leben: 1606 verlegte Fernando Mathias Arias y Saavedra, Erbe der Lehnsrechte über Fuerteventura, seinen Wohnsitz auf das komfortablere Teneriffa und überließ die Herrschaft über seine Insel einem Verwalter. Seine Nachfolger behielten dies bei, und von 1708 bis 1859 stand Fuerteventura de facto unter der Herrschaft der Militärkommandanten, der in La Oliva residierenden Coroneles (➤ Seite 46).

19. und 20. Jahrhundert

Anders als heute waren die Küsten in historischen Zeiten als Wohnort unbeliebt, weil Überfälle von Piraten, zumeist aus Nordafrika, über Jahrhunderte eine ständige Bedrohung darstellten. Man baute die Hauptsiedlungen daher weit im Landesinneren, wo man versteckter lebte und im Ernstfall mehr Zeit hatte, die Verteidigung zu organisieren. An den Küsten befanden sich nur kleinere Häfen und ärmliche Fischerdörfer. Erst im 19. Jahrhundert, als sich die Sicherheitslage verbessert hatte, verlagerte sich der Fokus auf die Küstenorte, um die dortigen Häfen bildeten sich kleinere Wirtschaftszentren. 1860 wurde die Verwaltung nach Puerto del Rosario (damals noch Puerto de Cabras, ➤ Seite 56) verlegt, das seitdem die Inselhauptstadt ist.

Dennoch blieb das Leben auf Fuerteventura bis Mitte des 20. Jahrhunderts von Armut und Entbehrung geprägt. Die Insel war kein begehrter Wohnsitz, viele Bewohner emigrierten auf die anderen Kanareninseln oder gleich nach Südamerika, die Bevölkerungszahl blieb stets niedrig. Ein stärkeres Wachstum erlaubte erst die technische Entwicklung: Seit den Sechzigerjahren können Meerwasser-Entsalzungsanlagen Trinkwasser in praktisch unbegrenzter Menge zur Verfügung stellen, der Wassermangel als limitierender Faktor wurde dadurch aufhoben. Zusammen mit den technischen Fortschritten im Flugverkehr erlaubte dies die Entwicklung des modernen Tourismus zum weitaus größten Wirtschaftsfaktor. Vor allem seit den Siebziger- und Achtzigerjahren verwandelten sich winzige Fischerdörfer wie Corralejo oder Morro Jable in große Touristenzentren, an unbebauten Küstenabschnitten entstanden Retortenstädte wie Costa Calma aus dem Nichts.

Rund um Vega de Río Palmas

Von Betancuria aus führt die Straße weiter zur winzigen Ortschaft Vega de Río Palmas, zu deutsch „Aue des Palmenflusses". Hier lohnt sich ein Stopp für die kleine Kirche Iglesia Nuestra Señora de la Peña, die im späten 17. Jahrhundert im typischen Kolonialstil errichtet wurde. Mit ihrer schlichten, klar gegliederten Hauptfassade aus dunklem Vulkangestein ist sie weitaus bescheidener als die Kirche von Betancuria (▶ Seite 65), doch hat sie eine besondere religiöse Bedeutung: Hier wird die *Virgen de la Peña* aufbewahrt, die „Felsenjungfrau". Die kleine Alabasterstatue wurde wahrscheinlich Anfang des 15. Jahrhunderts von Jean de Béthencourt auf die Insel gebracht. Die Legende sieht das freilich anders: Danach soll die Statue

> **Pflicht oder nicht?**
> ●●●● *top, unbedingt machen!*
> ●●● *sollte man erlebt haben*
> ●● *nette Abwechslung*
> ● *man versäumt nicht viel*
>
> *Die Fahrt über Vega de Río Palmas lohnt sich vor allem wegen der Landschaft und der Aussichtspunkte.*

vom heiligen Didacus in der unterhalb des Ortes liegenden Schlucht Barranco de Las Peñitas nach einem göttlichen Zeichen aus dem Fels gemeißelt worden sein. 1675 wurde sie offiziell zur Schutzheiligen der Insel erklärt. Seitdem ist die am legendären Fundort in der Schlucht gelegene winzige Kapelle Ermita de la Peña jedes Jahr im September Ziel der wichtigsten Wallfahrt Fuerteventuras, einem mehrtägigen Ereignis mit Volksfestcharakter. An allen anderen Tagen ist sie ein schönes Ziel für eine kurze Wanderung (▶ Seite 161).

Die meisten Besucher kommen allerdings nicht wegen der Kirche, sondern wegen der Landschaft in diese Gegend: Die Fahrt auf der FV-30 von Betancuria über Vega de Río Palmas nach Pájara ist ein Erlebnis, das

Nuestra Señora de la Peña bewahrt einen religiösen Schatz.

2.3. Die Mitte – Rund um Vega de Río Palmas

man nicht versäumen sollte! Gleich südlich des Ortes steigt die Straße zum 338 Meter hoch gelegenen **Mirador de Las Peñitas** hinauf, von dem aus man einen schönen Blick in die Schlucht und auf den kleinen, längst völlig verlandeten Stausee Presa de Las Peñitas hat. Die Straße verläuft aussichtsreich am Hang entlang und passiert nach knapp zwei Kilometern noch einen weiteren Aussichtspunkt, den **Mirador de Fenduca**, ehe sie nach Pájara hinunterführt.

Von mehreren Aussichtspunkten hat man einen schönen Blick.

Die Straße führt über weite Strecken am Hang entlang.

Wanderungen	2 **Von Vega de Río Palmas zur Ermita de la Peña**	3 **Kammwanderung über Vega de Río Palmas**
	Technik ●●○○○	*Technik* ●●○○○
	Kondition ●○○○○	*Kondition* ●●●○○
	➤ *Seite 161*	➤ *Seite 164*

Wie man hinkommt

Buslinie 2 ab Puerto del Rosario über Betancuria bis Vega de Río Palmas, nur 3-4x tägl. Keine Busse zwischen Vega R.P. und Pájara.

Iglesia Nuestra Señora de la Peña: Di-So 11:00-13:00 und 17:00-19:00 Uhr.

GPS-Wegpunkt 29 (Kirche): 28,39322 -14,07161
GPS-Wegpunkt 30 (Mirad. de Las Peñitas): 28,38700 -14,09232
GPS-Wegpunkt 31 (Mirad. de Fenduca): 28,37946 -14,09504

Tipp: **Rundfahrt durch das Bergland**

Das westliche Bergland Fuerteventuras ist, insbesondere in seinem Kerngebiet südlich von Betancuria, eine kaum besiedelte wüstenartige Landschaft, die von den runden Kuppen und nicht allzu steilen Hängen der bis zu 700 Meter hohen Berge geprägt ist. Zentrale Achse der Gegend ist die FV-30; sie führt von der winzigen Siedlung Valle de Santa Inés ins zentrale Bergland von Fuerteventura hinauf und durchquert es bis nach Pájara. An dieser Strecke befinden sich eine ganze Reihe von Sehenswürdigkeiten, die sich mit einer Tagesfahrt verbinden lassen: Mit Betancuria, Vega de Río Palmas und Pájara gibt es hier gleich drei Ortschaften mit interessanten historischen Gebäuden, außerdem führt die Straße über weite Strecken aussichtsreich an den Berghängen entlang und passiert zahlreiche Aussichtspunkte. Zurück nimmt man dann am besten die weniger kurvenreiche und daher deutlich schnellere FV-20 über Tuineje und Antigua.

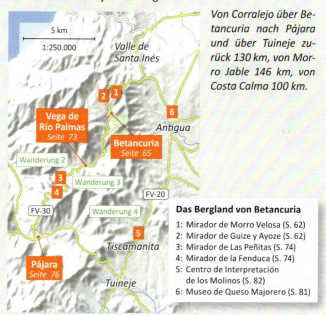

Von Corralejo über Betancuria nach Pájara und über Tuineje zurück 130 km, von Morro Jable 146 km, von Costa Calma 100 km.

Das Bergland von Betancuria

1: Mirador de Morro Velosa (S. 62)
2: Mirador de Guize y Ayoze (S. 62)
3: Mirador de Las Peñitas (S. 74)
4: Mirador de la Fenduca (S. 74)
5: Centro de Interpretación de los Molinos (S. 82)
6: Museo de Queso Majorero (S. 81)

2.4. Die Mitte – Pájara

Pájara

Die Kleinstadt Pájara liegt am südlichen Rand des Berglands um Betancuria. In früheren Jahrhunderten war sie Wohnsitz mehrerer Adelsfamilien und hatte dadurch eine gewisse Bedeutung. Heute ist Pájara mit rund 1100 Einwohnern ein gemütliches Städtchen – das freilich ziemlich wohlhabend ist, weil zum ausgedehnten Gemeindegebiet auch die Touristenzentren im äußersten Süden, von Costa Calma bis Morro Jable, gehören.

> **Pflicht oder nicht?**
>
> ●●●● *top, unbedingt machen!*
> ●●● *sollte man erlebt haben*
> ●● *nette Abwechslung*
> ● *man versäumt nicht viel*
>
> *Für kunstgeschichtlich Interessierte ist die Kirche ein Muss! Darüber hinaus hat Pájara jedoch nicht viel zu bieten.*

Ein Stopp lohnt sich hier für eine weitere bemerkenswerte Kirche, die **Iglesia Nuestra Señora de Regla**: Zwischen 1687 und 1711 wurde in Pájara, das bisher im Schatten von Betancuria gestanden hatte, eine eigene Kirche erbaut. Nur zwei Jahrzehnte später erwies sie sich für die stark angewachsene Bevölkerung bereits als zu klein und wurde daher mit einem zweiten Schiff erweitert, was einen ungewohnt asymmetrischen Raumeindruck ergibt.

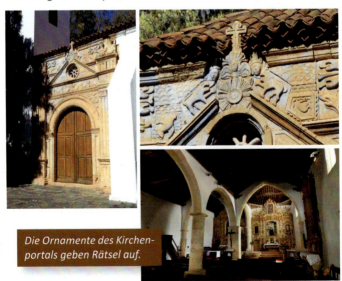

Die Ornamente des Kirchenportals geben Rätsel auf.

Besonders bemerkenswert ist das Hauptportal: Es ist ein einzigartiges Kunstwerk, das das Portal der Kirche von Betancuria weit in den Schatten stellt. Der rötliche Sandstein ist mit meisterhaften Steinmetzarbeiten versehen, deren Motive aber so ganz und gar nicht christlich erscheinen, sie sind vielmehr der aztekischen Kunst entlehnt. Die Motivwahl mit geometrischen Sonnenmustern und stilisierten Tierdarstellungen ist so außergewöhnlich, dass sogar vermutet wurde, das gesamte Portal sei irgendwann aus Mexiko hierhergebracht worden. Diese Theorie gilt aber als widerlegt, da das Gestein eindeutig aus der näheren Umgebung stammt. Details über den Auftraggeber, den Künstler und ihre Absichten sind nicht bekannt, die Gestaltung könnte aber durch die kunstgeschichtlich einflussreiche „Iconologia" von Cesare Ripa aus dem Jahr 1593 inspiriert worden sein, die die Verwendung indianischer Motive für christliche Kirchen anregt. Direkt vor der Kirche befindet sich eine Noria, ein Wasserhebewerk, wie es auch in Betancuria zu sehen ist (➤ Seite 68).

> **Wie man hinkommt**
>
> *Großer Parkplatz neben der Kirche an der Straße nach Betancuria (kostenlos). Buslinie 18 ab Gran Tarajal. Die Kirche ist täglich 11:00-13:00 und 17:00-19:00 Uhr geöffnet.*
>
> *GPS-Wegpunkt 32:*
>   *28,35083 -14,10737*

Cuevas de Ajuy

In der Nähe des winzigen Küstenortes Ajuy nordwestlich von Pájara gibt es ein außergewöhnliches Naturdenkmal: Durch spezielle geologische Vorgänge wurde hier eine Kalksteinformation an die Oberfläche gehoben, die vor rund 120 Millionen Jahren, als die Kanaren noch gar nicht existierten, durch Sedimentablagerungen am Meeresgrund entstanden war – nirgendwo sonst auf den Kanaren gibt es etwas Ähnliches. In früheren Jahrhunderten wurde der Kalkstein abgebaut und an Ort und Stelle gebrannt, um ihn als Material zum Kalken der Häuser verwenden zu können.

> **Pflicht oder nicht?**
>
> • • • • *top, unbedingt machen!*
> • • • *sollte man erlebt haben*
> • • **nette Abwechslung**
> • *man versäumt nicht viel*
>
> *Die Höhlen sind eine schöne Abwechslung für Abenteuerlustige, jedoch nichts, was man unbedingt erlebt haben müsste.*

2.5. Die Mitte – Cuevas de Ajuy

Was Ajuy bekannt gemacht hat, ist aber ein weiteres, deutlich spektakuläreres Naturdenkmal: In der benachbarten Caleta Negra, der „schwarzen Bucht", befinden sich unterhalb des flachen Küstenplateaus knapp über dem Wasser zwei sehr große Höhlen, die **Cuevas de Ajuy**. Die beiden mehrere hundert Meter langen Tunnel erinnern von der Form und den Ausmaßen an U-Boot-Bunker, sind aber auf natürliche Art durch vulkanische Aktivität entstanden.

Die gesamte Stätte ist inzwischen fast schon überperfekt touristisch aufbereitet worden, es gibt einen breiten, gut gesicherten Fußweg und einige Informationstafeln. Der Weg beginnt in Puerto de la Peña, dem Küstenortsteil von Ajuy, einer winzigen Siedlung, die überwiegend am Wochenende bewohnt wird. An dem kleinen, nicht besonders attraktiven Strand beginnt ein Fußweg, der an der Felsküste entlangführt. Nach einigen Minuten kommt man zunächst an den cremeweißen Kalksteinklippen vorbei, ein kleiner Abstecher führt zu zwei historischen Kalkbrennöfen unterhalb des Weges. Sie wurden nicht gemauert, wie es üblich war; stattdessen höhlte man die zwölf Meter tiefe Schachtform einfach aus dem Fels aus. Von den Öfen führt der Weg noch wenige hundert Meter

Das Küstenplateau besteht aus Kalkstein.

Die Höhlen erinnern an U-Boot-Bunker.

weiter bis zum Südrand der Caleta Negra, die mit senkrechten Steilwänden aus dunklem Vulkangestein tief in das flache Küstenplateau eingeschnitten ist. Von einem kleinen, mit einer Mauer umgebenen Aussichtspunkt führt eine schmale Treppe zur vorderen der beiden Höhlen hinunter. Durch ihr riesiges Portal fällt so viel Licht, dass man ohne Hilfsmittel ein Stück hinein gehen kann. Wer eine Taschenlampe mitgebracht hat, kann auch den hinteren Teil erkunden, in dem die hier eindringende Brandung über große Steine rauscht. Durch eine Öffnung in der Seitenwand gegenüber der Treppe kommt man in eine ähnlich große, genau parallel verlaufende zweite Höhle.

> *Es gibt einen großen Parkplatz beim Kreisverkehr am Ortseingang von Ajuy. Busse fahren nur bis Pájara. Vom Parkplatz durch den Ort zum Strand, dann nach rechts auf die Nordseite der Bucht zu. Dort beginnt ein deutlich sichtbarer Fußweg (Wegweiser Caleta Negra/ Cuevas), der in knapp 500 m an den Kalköfen vorbei zu den Höhlen am Südrand der Caleta Negra führt.*
>
> GPS-Wegpunkt 33 (Parkplatz): 28,39943 -14,15435
> GPS-Wegpunkt 34 (Höhlen):   28,40342 -14,15582

Wie man hinkommt

Thema: **Das Wrack der „American Star"**

Die westlich von Pájara am Nordrand eines großen militärischen Sperrgebiets gelegene Playa del Garcey hatte über Jahre hinweg die bizarrste Attraktion Fuerteventuras zu bieten: das Wrack der „American Star". Das stolze Dampfturbinenschiff wurde 1939 unter dem Namen „SS America" vom Stapel gelassen. Es sollte von den United States Lines als Linienschiff auf der Transatlantikroute eingesetzt werden, verbrachte seine ersten Jahre allerdings größtenteils als Truppentransporter. Nach dem Zweiten Weltkrieg

Als „SS America" war sie ein stolzes Schiff.

wurde es über Jahrzehnte zunächst als Linienschiff, später für Kreuzfahrten genutzt. Ende der Siebziger endete diese durchaus glamouröse Zeit der „America"; das inzwischen unrentabel gewordene Schiff wurde stillgelegt, es lag jahrelang in Griechenland vor Anker und rostete vor sich hin.

1994 sollte es schließlich unter dem neuen Namen „American Star" nach Thailand geschleppt und dort als schwimmendes Hotel vertäut werden. Vor Fuerteventura geriet der Schleppverband jedoch in einen schweren Sturm, die Trosse riss und das manövrierunfähige Schiff wurde vom Wind auf die Küste zugetrieben, wo es an der Playa del Garcey strandete. Da eine Bergung schwierig gewesen wäre und von dem Wrack keine Umweltgefährdung ausging, ließ man es einfach liegen. Das Schiff brach innerhalb von 48 Stunden in zwei Teile und wurde von lokalen Schatzjägern ausgeschlachtet, von denen mehrere dabei ums Leben kamen.

Der hintere Teil wurde von Rost und Brandung bald zerstört, der vordere blieb jedoch lange in unmittelbarer Strandnähe liegen. Das imposante Wrack entwickelte sich rasch zu einer der Top-Attraktionen der Insel und zu einem der bekanntesten Schiffswracks der Welt: Eine Google-Bildersuche nach dem Begriff „Schiffswrack" liefert zahllose Fotos der „American Star". Über die Jahre wurde das Wrack allerdings von Rost und Brandung langsam zerstört, zwischen 2005 und 2007 zerfiel es rapide. Inzwischen ist vom Strand aus nichts mehr zu sehen, der Weg zur ansonsten eher unattraktiven Playa del Garcey lohnt sich daher nicht mehr.

Jahrelang lag das Wrack in unmittelbarer Strandnähe.

Museo del Queso Majorero

Inmitten der zentralen Ebene Fuerteventuras befindet sich die Kleinstadt Antigua. Sie ist trotz ihrer langen Geschichte nicht wirklich sehenswert, ein Besuch lohnt sich aber für den Museumskomplex am nördlichen Stadtrand: Hier befindet sich eine der typischen Windmühlen der Insel, der **Molino de Antigua**. Die Mühle wurde schon vor längerer Zeit als Museum hergerichtet, man kann auch das Innere des Gebäudes betreten und die aus dieser Perspektive durchaus ein wenig bedrohlich wirkende Mechanik mit den riesigen hölzernen Zahnrädern betrachten.

> • • • • top, unbedingt machen!
> • • • *sollte man erlebt haben*
> • • nette Abwechslung
> • man versäumt nicht viel
>
> *Eines der besten Museen Fuerteventuras und eine großartige Möglichkeit, um mehr über die bäuerliche Kultur der Insel zu erfahren!*

Pflicht oder nicht?

Vor wenigen Jahren wurde in den umgebenden historischen Gebäuden zusätzlich noch das **Museo del Queso Majorero** eröffnet, das den traditionell auf der Insel hergestellten Ziegenkäse (➤ Seite 13) zum Thema hat. In dem topmodernen und durchaus beeindruckenden Museum ist der Käse freilich nur der thematische Aufhänger, es geht ganz allgemein um die bäuerliche Kultur Fuerteventuras. Im angeschlossenen Museumsshop kann man verschiedene Sorten des Queso Majorero probieren und natürlich auch gleich mitnehmen, außerdem gibt es hier inseltypisches Kunsthandwerk. Die umgebende Gartenanlage wurde mit Kakteen und anderen Wüstengewächsen bepflanzt und ist alleine schon den Besuch wert.

Das Gesamtpaket aus der Mühle und dem hochprofessionell konzipierten Museum wirkt fast schon

Der Molino de Antigua ist Mittelpunkt des Museums.

ein wenig überperfekt, ist aber sehr informativ und kann daher als Top-Tipp für alle gelten, die sich für die historische ländliche Kultur Fuerteventuras interessieren!

Der Käse wurde professionell musealisiert.

Wie man hinkommt

Am nördlichen Ortsrand von Antigua (beschildert). Auf manchen Karten ist der Museumskomplex als „Molino de Antigua" eingezeichnet. Buslinie 1 Puerto del Rosario-Morro Jable. Di-Sa 10:00-18:00 Uhr, Eintritt 2,00 €, Kinder kostenlos.

GPS-Wegpunkt 35:
  28,43050 -14,01256

Windmühlenmuseum Tiscamanita

Nur wenige Kilometer südlich von Antigua, im Örtchen Tiscamanita, gibt es noch eine weitere Museumsmühle. Ihr ist ebenfalls ein Museum angeschlossen, in dem es – anders als in Antigua – explizit um die Windmühlen geht, wie der etwas komplizierte Name „Centro de interpretación de los Molinos" (soviel wie „Windmühlen-Informationszentrum") verrät. Die Mühle von Tiscamanita ist der von Antigua sehr ähnlich, und auch hier kann das hölzerne Innenleben besichtigt werden. Daneben steht ein restaurierter Brotofen mit der charakteristischen eiförmigen Kuppel.

Pflicht oder nicht?

• • • • *top, unbedingt machen!*
• • •   *sollte man erlebt haben*
• •   *nette Abwechslung*
•   *man versäumt nicht viel*

Das Museum ist nicht besonders groß, bietet aber die ausführlichsten Informationen zum Thema Windmühlen.

Das kleine Museum im angrenzenden Müllerhaus zeigt Modelle der unterschiedlichen Windmühlentypen sowie eine handbetriebene Haushaltsmühle. Die Texte sind auf Spanisch, es gibt aber eine Mappe mit deutschen Übersetzungen. An der Kasse kann man eine Art Marzipan aus Gofio probieren, dem typischen Mehl aus geröstetem Getrei-

Thema: Windmühlen auf Fuerteventura

de (▶ Seite 12). Das Museum ist schon etwas älter und wirkt im Vergleich zum beeindruckenden, modernen Museo del Queso Majorero in Antigua eher bescheiden. Zu den Mühlen, die in Antigua nur am Rand gestreift werden, liefert es aber weitaus detailliertere Informationen und ist damit ein Tipp für alle, die das Thema noch weiter vertiefen möchten.

Nirgendwo erfährt man mehr über die Windmühlen!

4	**Von Tiscamanita auf die Gran Montaña**	*Wanderungen*
	Technik ●●●○○	
	Kondition ●●●○○	
▶	*Seite 168*	

Am nördlichen Ortsrand von Tiscamanita, beschildert. Buslinie 1 Puerto del Rosario-Morro Jable. Di-Sa 10:00-18:00 Uhr, Eintritt 2,00 €.

GPS-Wegpunkt 36:
28,35293 -14,03532

Wie man hinkommt

Thema: **Windmühlen auf Fuerteventura**

Seit Anbeginn der menschlichen Besiedelung war Getreide die Hauptnahrungsgrundlage auf Fuerteventura; über Jahrhunderte wurde es sogar von hier aus auf andere Kanareninseln wie Gran Canaria und Teneriffa, wo der Anbau von Wein im Vordergrund stand, exportiert. Zum Mahlen des Getreides dienten ursprünglich kleine Handmühlen; sie bestehen aus einem schüsselförmigen Basisstein und einem runden Mühlstein, der mit einer Kurbel bewegt wurde. Diese Mühlen befanden sich in den Häusern und wurden benutzt, um kleine Mengen für den momentanen Eigenbedarf zu mahlen. ▶

Thema: Windmühlen auf Fuerteventura

Einen deutlich größeren Maßstab haben die **Tahomas**: Diese Anlagen bestehen aus einem großen, liegenden Mühlstein, der von einem im Kreis gehenden Tier, meist einem Kamel, angetrieben wurde. Die Tahomas haben einen recht komplizierten Mechanismus und einen Durchmesser von mehreren Metern; da sich nicht jeder Bauer ein solches Gerät leisten konnte, wurden sie gemeinschaftlich genutzt. Eine restaurierte Tahoma kann man im Freilichtmuseum La Alcogida in Tefía sehen (▶ Seite 54).

Aufgrund der flachen Landschaft sind Lanzarote und Fuerteventura recht windige Inseln, sodass sich die Nutzung von Windenergie anbietet. Dennoch wurden die Tahomas erst im 17. und 18. Jahrhundert langsam von Windmühlen abgelöst. Auf Fuerteventura gibt es zwei Typen von Windmühlen, die sich so stark unterscheiden, dass sie leicht zu erkennen sind: den (grammatisch männlichen) Molino und die (grammatisch weibliche) Molina.

Die ältere Form ist der **Molino**, der aus einem gemauerten und weiß gekalkten zylindrischen Gebäude besteht, das sich nach oben hin verjüngt. Das Windrad mit meist vier, manchmal aber auch sechs Flügeln, die mit Segeltuch bespannt wurden, ist an einem kegelförmigen Dachaufbau befestigt, der in den Wind gedreht werden kann. Direkt darunter, also im Obergeschoss der Mühle, befindet sich der Mühlstein, der über eine fast ausschließlich aus Holz konstruierte Mechanik angetrieben wird. Der Molino entspricht von seinem Aufbau her weitgehend den in Mitteleuropa üblichen Windmühlentypen.

Der Molino entspricht dem gewohnten Bild einer Windmühle.

Die zweite Form, die **Molina**, unterscheidet sich deutlich davon: Sie besteht aus einem niedrigen, rechteckigen Gebäu-

Thema: Windmühlen auf Fuerteventura

Die Mechanik besteht zum größten Teil aus Holz.

de mit flachem Dach, auf das ein schmaler hölzerner Turm mit dem Windrad aufgebaut ist. Die Drehbewegung des Windrads wird über eine Welle in das Gebäude übertragen, in dem sich ebenerdig der Mühlstein und die gesamte übrige Mechanik befinden. Obwohl die Molina etwas weniger imposant ist und auf den ersten Blick technisch primitiver erscheint, ist sie die neuere und fortschrittlichere Version, sie wurde erst im 19. Jahrhundert entwickelt. In Tefía (▶ Seite 54) stehen beide Varianten recht nah beieinander und ermöglichen einen guten Vergleich.

In der zweiten Hälfte des 20. Jahrhunderts wurden die Mühlen überflüssig, die meisten verfielen daraufhin langsam. Erst in der jüngeren Vergangenheit hat man sie als einzigartige Kulturdenkmale dieser Insel anerkannt und sich um ihre Erhaltung bemüht, viele Exemplare wurden inzwischen restauriert und prägen wieder wie einst das Landschaftsbild als Wahrzeichen des alten, bäuerlichen Fuerteventura. Die Museumsmühlen in Antigua (▶ Seite 81) und Tiscamanita (▶ Seite 82) können auch von innen besichtigt werden und ermöglichen einen Einblick in die Funktionsweise.

Die Molina ist die fortschrittlichere Variante.

Caleta de Fuste

Caleta de Fuste (manchmal auch *El Castillo* genannt) ist das einzige größere Ferienzentrum an der mittleren Ostküste Fuerteventuras, einer sonst eher untouristischen Gegend. Anders als Corralejo (▶ Seite 20) oder Costa Calma (▶ Seite 96) ist Caleta de Fuste überwiegend von britischem Publikum geprägt, deutschsprachige Urlauber sind die Ausnahme. In früheren Jahrhunderten befand sich hier einer der wichtigsten Exporthäfen der Insel. Von der historischen Atmosphäre ist allerdings nichts geblieben, einziger Hinweis darauf ist das kleine Castillo de San Buenaventura, das um 1740 zur Sicherung des Hafens nach dem exakt gleichen Bauplan wie der Torre del Toston in El Cotillo (▶ Seite 37) gebaut wurde. Es besteht allerdings nur aus einem einzigen Turm und ist nicht zugänglich.

> **Pflicht oder nicht?**
> •••• top, unbedingt machen!
> •••   sollte man erlebt haben
> ••   nette Abwechslung
> •   *man versäumt nicht viel*
>
> *Caleta de Fuste kann als Ferienort nicht wirklich überzeugen – zu verbaut, zu sehr von den Clubanlagen bestimmt.*

Ein wirkliches Zentrum gibt es in Caleta de Fuste nicht, Gastronomie und Einkaufsmöglichkeiten konzentrieren sich auf kleinere Centros Comerciales. Der Ort zieht sich um eine Bucht herum, die den nicht allzu ausgedehnten Strand umfasst und vor der Brandung schützt. Am meerseitigen Ende einer Landzunge liegt der kleine Hafen, in dem überwiegend Jachten vor Anker liegen, dahinter erstreckt sich flache Felsküste. Die Bebauung ist in einem teilweise etwas wunder-

Der Hafenbereich ist durchaus gelungen.

lichen Fantasiestil errichtet, zumeist aber immerhin ziemlich niedrig, wodurch sich ein insgesamt dezentes Ortsbild ergibt. Auch die großen Clubanlagen, die die Bucht säumen, sind architektonisch durchaus gelungen, für Nichtgäste allerdings eine lästige Barriere, die weiträumig umgangen werden muss. Immerhin ist die Küstenlinie auf einer Promenade, die Strand und Hafen miteinander verbindet, durchgehend zugänglich, und die Gastrozeile am Hafen wirkt mit ihrem modernen Lounge-Stil durchaus wertig und gelungen. Allerdings sollte man gegen Fluglärm halbwegs resistent sein, denn Caleta de Fuste liegt wenige Kilometer südlich des Flughafens direkt in dessen Einflugschneise.

> *Größere Parkplätze gibt es am südlichen Strandende. Busline 3 ab Puerto del Rosario.*
>
> GPS-Wegpunkt 37:
> 28,39630 -13,85829

Wie man hinkommt

Salinas de El Carmen

Die wenige Kilometer südlich von Caleta de Fuste gelegenen Salinas de El Carmen sind eine der ursprünglich vier Salinen der Insel. Die um 1910 entstandene Anlage arbeitet noch heute nach der traditionellen Technik, bei der Meerwasser in flache Verdunstungsbecken eingeleitet wird, wo es durch die Sonne austrocknet. Das ausfallende Salz kann dann mit einer Art Rechen zu Haufen gesammelt werden. 1995 wurde die unrentabel gewordene Saline von der Inselregierung aufge-

In El Carmen wird noch auf die traditionelle Art Salz gewonnen.

2.10. Die Mitte – La Atalayita und Pozo Negro

kauft, um sie als Kulturgut zu erhalten. Heute ist sie die letzte noch in Betrieb befindliche Saline Fuerteventuras und ein Schaubetrieb, der besichtigt werden kann. Mit etwas Glück kann man dem „Salinero" bei seiner Arbeit zusehen; aber auch wenn er nicht anwesend ist, sind die mit aus Kieselsteinen gebauten Mäuerchen abgeteilten Verdunstungsbecken mit den blendend weißen Salzhaufen (die es allerdings nur während der Erntesaison von Mai bis Oktober gibt) und das alte Lagerhaus ein schönes Erlebnis.

Pflicht oder nicht?
- •••• *top, unbedingt machen!*
- ••• *sollte man erlebt haben*
- •• *nette Abwechslung*
- • *man versäumt nicht viel*

Die Museumssaline gibt einen schönen Einblick in diesen besonderen Teil der Kulturgeschichte.

Wie man hinkommt

Südlich von Caleta de Fuste direkt an der Hauptstraße, beschildert. Buslinie 3 ab Puerto del Rosario.

Di-Sa 10:00-18:00 Uhr, Eintritt 5,00 €, Kinder bis 12 frei.

GPS-Wegpunkt 38:
 28,36746 -13,87013

Neben dem Salzgarten wurde ein Museum zum Thema Gewinnung und Nutzung des Salzes eingerichtet, das **Museo de la Sal**. Die Ausstellung ist modern und professionell konzipiert und durchaus spannend; die Texte sind auf Spanisch, man bekommt aber eine Mappe mit deutschen Übersetzungen. Zusammen mit der Saline ermöglicht das Museum einen interessanten Einblick in diesen speziellen Aspekt der Kulturgeschichte Fuerteventuras. Im angeschlossenen Café kann man sich zwischendurch entspannen, und im Museumsshop gibt es das mineralreiche örtliche Salz zum Mitnehmen.

La Atalayita und Pozo Negro

Im Barranco de la Poza de Pozo Negro befindet sich eine der wichtigsten archäologischen Stätten Fuerteventuras: La Atalayita ist eine der wenigen erhaltenen Siedlungen der Ureinwohner, der Guanchen (> Seite 63). Dieses Gebiet wurde vor schätzungsweise 10.000-15.000 Jahren, also lange vor der ersten menschlichen Besiedelung, von einem Lavastrom überflossen. Solche jungvulkanischen Gebiete waren bevorzugte Siedlungsorte der Guanchen, weil sie fruchtbare Böden und geschützte Wohnplätze boten. In La Atalayita nutzten die Guan-

2.10. Die Mitte – La Atalayita und Pozo Negro

chen die Risse und Spalten des Geländes geschickt aus, um ihre aus Trockenmauern errichteten und recht kleinen „casas hondas" („tiefe Häuser") halb im Boden zu versenken. Bis in die jüngere Vergangenheit wurden diese Bauten von Schaf- und Ziegenhirten genutzt. Die vollständig ausgegrabene und restaurierte Stätte ist von der Straße, die nach Pozo Negro hinunterführt, erreichbar und frei zugänglich. Ein kleiner Rundweg führt zwischen den kleinen, dicht aneinander gedrängten Bauten hindurch, die in zahlreichen verschiedenen Größen und Typen errichtet wurden. Dazwischen gibt es offene Pferche für Schafe und Ziegen. Das direkt daneben befindliche Informationszentrum lieferte mit einer Ausstellung viele Hintergrundinformationen zu der Stätte und zur Lebensweise der Guanchen. Zuletzt war es allerdings seit längerer Zeit geschlossen, und daher bringt

> **Pflicht oder nicht?**
> • • • • top, unbedingt machen!
> • • • sollte man erlebt haben
> • • nette Abwechslung
> • *man versäumt nicht viel*
>
> *Solange das Informationszentrum geschlossen ist, bringt der Besuch selbst für Interessierte nicht viel.*

In La Atalayita blieb ein Dorf der Ureinwohner erhalten.

Die winzigen Steinhäuser wurden in verschiedenen Bauformen errichtet.

der Besuch leider nicht viel: So ganz ohne irgendwelche Informationen sieht man nicht viel mehr als ein paar Mauern.

Wenn man eh schon hier ist, lohnt es sich, noch die paar Kilometer hinunter an die Küste nach **Pozo Negro** zu fahren. Ein rauer, sandig-kiesiger Strand, ein paar einfache Lokale und eine romantisch abgeschiedene Lage – viel hat die winzige Fischersiedlung nicht zu bieten, gerade das macht aber ihren Charme aus.

Pozo Negro hat einen rauen Charme.

Wie man hinkommt

La Atalayita: Die Zufahrt zweigt von der Straße nach Pozo Negro ab (beschildert). Parkplatz beim Informationszentrum (derzeit geschlossen). Keine Busverbindung.
www.artesaniaymuseosdefuerteventura.org

GPS-Wegpunkt 39: 28,32423 -13,92747

Pozo Negro: Von La Atalayita 2,8 km zur Küste hinunter. Keine Busverbindung.

GPS-Wegpunkt 40: 28,32449 -13,89529

Gran Tarajal und Las Playitas

Gran Tarajal ist mit 7300 Einwohnern Fuerteventuras drittgröße Stadt (nach Puerto del Rosario und Corralejo). Einen historischen Stadtkern oder sonstige Sehenswürdigkeiten gibt es hier nicht; was es sehr wohl gibt, ist vom Tourismus weitgehend unbeeinflusstes kanarisches Leben und den vielleicht schönsten Strand der mittleren Ostküste, der sich mehr als 600 Meter dunkelsandig und sehr gepflegt die gesamte Küstenfront der Stadt entlangzieht.

2.11. Die Mitte – Gran Tarajal und Las Playitas

Eine ganz andere Atmosphäre hat das winzige Fischerdorf **Las Playitas**, das sich wenige Kilometer nördlich von Gran Tarajal an den Hang der Bucht Cala de las Playas kuschelt. Zwischen den Flachdachbauten mit den blendend weiß gekalkten Fassaden führen schmale Treppengässchen von der Hauptstraße zur hübschen Promenade am Nordrand des dunkelsandigen Strands hinunter – der romantischen Vorstellung von einem urigen Fischerdorf kommt Las Playitas damit recht nahe. Als „unberührt" kann man es freilich spätestens seit der Eröffnung des riesigen Ferienresorts am südlichen Ortsrand, das zusammen mit seinem Golfplatz um ein Vielfaches größer ist als das alte Dorf, nicht mehr bezeichnen. Dennoch ist Las Playitas ein angenehm ruhiger und ursprünglicher Ort, der einen kleinen Abstecher wert ist.

Viel hat Gran Tarajal nicht zu bieten – aber der Strand ist nicht schlecht!

Von Las Playitas führt die Straße zunächst ins Landesinnere und dann in einem weiten Bogen nach sechs Kilometern wieder zurück an die

Pflicht oder nicht?

• • • • *top, unbedingt machen!*
• • • *sollte man erlebt haben*
• • *nette Abwechslung*
• *man versäumt nicht viel*

Gran Tarajal, Las Playitas und der eigenwillige Leuchtturm lassen sich gut zu einem Ausflug kombinieren.

Las Playitas ist ein Musterbeispiel für ein kuscheliges Fischerdorf.

2.11. Die Mitte – Gran Tarajal und Las Playitas

Küste. Hier steht auf einer 185 Meter hohen Klippe eines der bemerkenswertesten Bauwerke Fuerteventuras: der **Faro de la Entallada**. Das Gebäude dieses Leuchtturms wurde 1953-55 in einem eigenwillig verspielten Stil errichtet, der an die Industriearchitektur um 1900 erinnert und sich deutlich von der nüchternen Gestaltung der übrigen Leuchttürme unterscheidet: Die große, dreiflügelige Anlage hat etwas von einem Schloss, in der Mitte thront auf einem elf Meter hohen Turm eine netzförmige Glaskuppel mit der Lichtquelle. Der dem Meer abgewandte Innenhof ist leider nicht zu besichtigen. Das Leuchtfeuer diente anfangs nicht nur Schiffen, sondern auch Flugzeugen zur Orientierung, und der Standort wurde nicht zufällig gewählt: Nirgendwo sonst auf den Kanaren ist die afrikanische Küste näher als hier, nämlich knappe 100 Kilometer. Ein Stück vor dem Gebäude, nahe der Abbruchkante der Felsküste, bietet ein Aussichtspunkt einen großartigen Blick auf das Meer und die umgebende Küstenlandschaft.

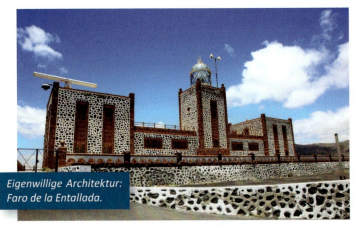

Eigenwillige Architektur: Faro de la Entallada.

> **Wie man hinkommt**
>
> *In Gran Tarajal gibt es einen großen Parkplatz in Strandnähe. Buslinie 16 ab Puerto del Rosario, Linie 18 ab Pájara. Die Zufahrt nach Las Playitas und weiter zum Faro de la Entallada zweigt 1 km vor dem Ort ab (beschildert). Busse nur bis Las Playitas (Linie 12 ab Gran Tarajal).*
>
> *GPS-Wegpunkt 41 (Parkplatz Gran Tarajal): 28,21383 -14,01937*
> *GPS-Wegpunkt 42 (Las Playitas): 28,22855 -13,98469*
> *GPS-Wegpunkt 43 (Faro de la Entallada): 28,23033 -13,94865*

Teil 3

Der Süden

An ihrem südwestlichen Ende läuft die Insel Fuerteventura mit der schmalen Halbinsel von Jandía aus, die auf beiden Seiten von kilometerlangen Stränden gesäumt wird. Während sich auf der Südostseite große Ferienzentren aneinanderreihen, ist die Nordwestseite eine der entlegensten und abenteuerlichsten Gegenden der Insel. Ebenfalls im Süden bietet Fuerteventuras einziger Tierpark die Möglichkeit zu besonderen Erlebnissen.

Corralejo

La Oliva

Puerto del Rosario

Costa Calma
Seite 96

Antigua

Halbinsel Jandía
Seite 106

Pájara

Gran Tarajal

Oasis Park
Seite 94

Jandía und Morro Jable
Seite 102

Playa de Sotavento
Seite 99

3.1. Der Süden – Oasis Park

Oasis Park

Der im Südosten der Insel gelegene Oasis Park ist Fuerteventuras einziger Tierpark. Die überraschend weitläufige Anlage zieht sich in einige Barrancos hinein; die natürlichen Gegebenheiten des Geländes wurden geschickt in die Gestaltung einbezogen, so wie überhaupt alles einen sehr ambitionierten und professionellen Eindruck macht. Man betritt den Park im östlichen Bereich, der von kleinteiligen Anlagen wie den Gehegen kleiner Primaten, dem „Vogeltunnel" oder dem Flamingoteich bestimmt wird. Im mittleren Hauptteil wurde der reichlich vorhandene Platz für ausgedehnte Großanlagen wie die „afrikanische Savanne" oder das eindrucksvolle Elefantengehege genutzt. Den landschaftlichen Gegebenheiten entsprechend liegt der Schwerpunkt hier auf Tieren der afrikanischen Graslandschaften, neben Zebras und Gazellen sind auch Geparde und Flusspferde dabei. Die Giraffen darf man sogar füttern! Im etwas abgelegenen westlichen Parkteil schließt sich ein ausgedehnter botanischer Garten an, der überwiegend Kakteen und andere typische Pflanzen von Trockengebieten zeigt.

Tiershows dürfen auch hier nicht fehlen: Die größte Attraktion ist die

> **Pflicht oder nicht?**
> • • • • *top, unbedingt machen!*
> • • • *sollte man erlebt haben*
> • • *nette Abwechslung*
> • *man versäumt nicht viel*
>
> *Fuerteventuras einziger Zoo ist ein Erlebnis, das man nicht versäumen sollte!*

Der Fokus liegt auf Tieren der afrikanischen Savannen.

3.1. Der Süden – Oasis Park

Dressurshow mit den verspielten und extrem geschickten Seelöwen, weiterhin gibt es eine Show mit Papageien, die kleine Kunststücke vorführen, sowie eine Flugshow mit Greifvögeln und Eulen. Außergewöhnlich ist die Show „Fauna live": Hier werden Reptilien ganz nah mit vielen Erklärungen gezeigt, man darf die Tiere sogar berühren. Ein besonderes Angebot sind die Möglichkeiten, mit bestimmten Tieren unter Anleitung von Betreuern in direkte Interaktion zu treten: Die sogenannten „Experiences" reichen vom einfachen Kamelreiten über die Begegnung mit Lemuren bis hin zum Schwimmen mit Seelöwen – Letzteres ist natürlich besonders beliebt, allerdings auch recht teuer.

Das Gelände ist so ausgedehnt, dass man recht weite Strecken zu Fuß zurücklegen muss; den Weg vom mittleren zum westlichen Parkteil (mit botanischem Garten und Greifvogelshow) kann man mit dem „Jungle Bus" abkürzen. Um alles in Ruhe ansehen zu können, sollte man mindestens einen halben, besser einen ganzen Tag einplanen. Keine Frage, der Eintrittspreis ist üppig, selbst für einen Zoo. Allerdings wird dafür auch durchaus einiges geboten: Es gibt außergewöhnliche Tierarten in weitläufigen Gehegen zu sehen, die geschickt in die Landschaft eingefügt sind, die Shows sind unterhaltsam und eindrucksvoll.

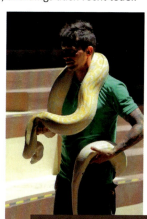

„Fauna Live" zeigt Reptilien ganz aus der Nähe.

Am Ortsrand von La Lajita, beschildert. Parkplätze sind kostenlos. Von Corralejo, Costa Calma, Jandía und anderen Ferienorten fährt 1-2 Mal am Tag ein kostenloser Shuttlebus.

Tägl. 9:00-18:00 Uhr, Erwachsene 33,00 €, Kinder von 4-11 19,50 €, Senioren ab 60 28,00 €. Shows: Papageien 5x tägl., alle anderen 2x tägl. zwischen 10:00 und 16:00 Uhr (Zeiten auf der Webseite). Die Shows sind inklusive, „Experiences" kosten extra. Für die „Sea Lion Experience" wird eine Buchung im Voraus empfohlen.

www.fuerteventuraoasispark.com

GPS-Wegpunkt 44: 28,18752 -14,15758

Wie man hinkommt

3.2. Der Süden – Costa Calma

Costa Calma

Im Südwesten läuft Fuerteventura mit der Halbinsel Jandía aus. In der Höhe von Costa Calma befindet sich ihr schmalster Abschnitt, der **Istmo de la Pared**: Von Küste zu Küste zieht sich hier eine leicht hügelige Dünenlandschaft, eine der trockensten und einsamsten Gegenden der Insel. Die Halbinsel Jandía wird auf beiden Seiten von den ausgedehntesten Sandstränden Fuerteventuras gesäumt; im Südosten zieht sich eine nahezu lückenlose Strandfolge von Costa Calma fast 20 Kilometer weit bis nach Morro Jable. Dieser Küstenabschnitt ist die am stärksten vom Tourismus geprägte Gegend Fuerteventuras mit mehreren großen Ferienzentren.

Pflicht oder nicht?
- ● ● ● ● *top, unbedingt machen!*
- ● ● ● *sollte man erlebt haben*
- ● ● *nette Abwechslung*
- ● *man versäumt nicht viel*

Der Strand ist nett – abgesehen davon gibt der Ort allerdings nicht viel her.

Den nördlichen Anfang macht **Costa Calma**, eine touristisch geprägte Retortenstadt ohne historischen Kern, die ab den späten Siebzigerjahren entlang eines weitläufigen Sandstrands gebaut wurde und inzwischen auf rund zweieinhalb Kilometer Länge angewachsen ist. Auf die gut 5000 Einwohner kommen 15.000 Gästebetten, überwiegend in großen Hotelanlagen. Schön ist der breite Sandstrand Playa de Costa Calma, der sich auf einer Länge von 1,3 Kilometern den größten Teil des Ortes entlangzieht, so dass man nirgends weit vom Strand entfernt ist. Nördlich und südlich des Hauptstrandes gibt es noch jeweils einen kleineren Strandabschnitt, der durch schmale Felszonen abgetrennt ist, im Süden

Immerhin: Der Strand ist nicht schlecht!

folgt in unmittelbarer Ortsnähe die weitläufige, unverbaute Playa de Sotavento (▶ übernächste Seite). Abgesehen davon ist Costa Calma nicht übermäßig attraktiv: Ein wirkliches Zentrum gibt es nicht, Restaurants und Bars findet man überwiegend in den kleinen Einkaufszentren, die – wie ein großer Teil der Bausubstanz – ziemlich in die Jahre gekommen sind. Auch die Strandfront wurde nicht attraktiv gestaltet, eine Promenade gibt es nicht.

Keine Frage, Fuerteventura hat schönere Ferienorte zu bieten! Immerhin ist Costa Calma größtenteils angenehm verkehrsarm: Die einzige Durchgangsstraße verläuft einige hundert Meter von der Küste entfernt. Seitdem kürzlich die Umgehungsstraße fertiggestellt wurde, ist der Verkehr auch hier nicht mehr so wild, die üppige, parkähnliche Grünzone, die die Straße säumt, ist jetzt durchaus angenehm zum Spazierengehen. Und es gibt noch weitere Vorteile: Costa Calma ist ruhig und recht preisgünstig; wer vor allem Strand und Sonne will und auf ein ausgeprägtes Nachtleben verzichten kann, ist hier nicht verkehrt.

> **5 Über den Istmo de La Pared**
> *Technik* ● ● ● ● ●
> *Kondition* ● ● ● ● ●
> ➤ Seite 171
>
> *Wanderungen*

> *Zugänge zum Strand gibt es am nördlichen Ortsende sowie im südlichen Bereich. Buslinien 1 und 10 ab Puerto del Rosario.*
> *GPS-Wegpunkt 45:*
> *28,16163 -14,22486*
>
> *Wie man hinkommt*

Zur Playa de Sotavento kann man zu Fuß gehen, was den Ort auch für Surfer interessant macht. Die Sehenswürdigkeiten im Inselzentrum sind schnell erreicht, und da Costa Calma überwiegend von deutschen Urlaubern frequentiert wird, findet man viele Angebote in deutscher Sprache.

MTB-Tipp: **Volcano Bikes**

Volcano Bikes ist der größte Radvermieter und Tourenanbieter im Süden Fuerteventuras mit deutschsprachigem Team und Stationen in Costa Calma sowie Jandía. Neben der Vermietung von Rennrädern und Mountainbikes vom einfachen Standard-Bike bis zum Fully sind die geführten Touren ein wichtiger Teil des Angebots. Die Schwierigkeitsgrade sind dabei sehr breit gefächert und reichen von der supereinfachen „Easy

Tour", die mit Hilfe von Bustransfers so angelegt ist, dass sie absolut jeder fahren kann, bis zu ausgedehnten Pistenrundfahrten für anspruchsvolle Mountainbiker, bei denen um die 35-40 Kilometer zurückgelegt werden.

Etwas ganz Spezielles sind die **Fatbike-Touren**. Fatbikes, das sind diese Mountainbikes mit Motorradreifen – zumindest schauen sie so aus. Dass die Megagummis keine reine Angebernummer sind, sondern durchaus ihren Sinn haben, erklärt Tourguide Chris: „Mit den Dingern kann man durch tiefen Sand fahren. Zum Beispiel auf dem Istmo de La Pared. Da oben ist es so sandig, da hast du mit einem normalen Bike keine Chance." Und tatsächlich: Wo sich ein Standard-MTB sofort mit dem Vorderrad eingräbt, walzt man mit dem Fatty einfach drüber, normalerweise unbefahrbarer Sand ist plötzlich kein Problem mehr. Klar, es kostet Kraft, daher sollte man halbwegs fit sein. „Unsere Touren sind nur 25-30 Kilometer lang. Das hört sich nach nicht viel an, aber man ist natürlich ziemlich langsam mit den Dingern, daher reicht so eine Strecke völlig aus", so Chris. Wer auf den Geschmack gekommen ist oder überhaupt lieber auf eigene Faust unterwegs ist, kann die Fatbikes auch mieten.

Für anspruchsvolle Mountainbiker gibt es ausgedehnte Rundtouren.

Mit dem Fatbike kann man Strecken befahren, auf denen ein normales MTB keine Chance hat!

Station Costa Calma: *Im Hotel Barlovento (im nördlichen Ortsbereich an der Durchgangsstraße).* **Station Jandía:** *Im Club Aldiana. Tel. 0034 639 738 743, Details und Preise zu Mietangebot und Touren auf www.volcano-bike.com.*

3.3. Der Süden – Playa de Sotavento

Playa de Sotavento

Südlich von Costa Calma folgt ein knapp sechs Kilometer langer und fast völlig unverbauter Strandabschnitt, die Playa de Sotavento. Hier läuft das Sandgebiet des Istmo de la Pared mit weiten Dünen zum Meer hin aus und bildet eine der längsten Strandzonen Fuerteventuras. An der Südostküste der Halbinsel Jandía sind die Winde meistens ablandig, wehen also vom Land auf das Meer hinaus. Daher kommt auch der Name des Strands: „sotavento" ist die spanische Bezeichnung für die Leeseite, also die windabgewandte Seite. Die dadurch in der Regel sehr ruhige Brandung macht die Playa de Sotavento zu einem der besten Badestränden der ganzen Insel! Die mehrere hundert Meter breite Sandfläche ist so eben, dass sich bei Flut eine flache Lagune bildet, und am Rand der Dünen gibt es Schlickflächen, die an das Wattenmeer der Nordsee erinnern.

• • • •	top, unbedingt machen!	
• • •	*sollte man erlebt haben*	**Pflicht oder nicht?**
• •	nette Abwechslung	
•	man versäumt nicht viel	

Die Playa de Sotavento ist einer der schönsten Strände der Insel, weitgehend naturbelassen und trotzdem gut erreichbar!

Die Playa de Sotavento ist aber nicht nur ein fantastischer Badestrand, sondern mit ihren beständigen Winden, die durch die speziellen geografischen Eigenheiten des Istmo de la Pared entstehen, auch eines des besten Reviere für Wind- und Kitesurfer in ganz Europa! Die Bedingungen sind so gut, dass hier seit über 30 Jahren jedes Jahr im Sommer

Die Playa de Sotavento ist eine weite, ausgedehnte Sandfläche.

der Windsurfing & Kiteboarding World Cup ausgetragen wird. Dessen Gründer und Platzhirsch der hiesigen Szene ist der Schweizer René Egli, der sich seit 1984 an der Playa de Sotavento etabliert hat.

Der Strand ist von der recht weit von der Küste entfernt verlaufenden Hauptstraße über zwei Stichstraßen erreichbar: Die nördliche Zufahrt zweigt knapp zwei Kilometer südlich von Costa Calma ab und führt zum isoliert gelegenen Sporthotel Meliá Gorriones an der Playa de la Barca, dem nördlichen Abschnitt der Playa de Sotavento. Wenige hundert Meter vom Hotel entfernt befindet sich René Eglis Surfcenter. Attraktiver ist die drei Kilometer weiter südlich abzweigende Zufahrt nach Risco del Paso: Sie endet an einem großen, sandigen Parkplatz am südlichen Ende der Lagune. Abgesehen von der Minisiedlung Casas del Risco del Paso ist der Strand hier völlig unverbaut, am Parkplatz gibt es ein weiteres Surfcenter eines anderen Anbieters.

Bei Flut bildet sich eine einzigartige Lagune.

Wie man hinkommt

Es gibt zwei Zufahrten: „Playa Barca" im nördlichen Abschnitt (zum Hotel Gorriones) und „Risco El Paso" ca. 3 km weiter Richtung Morro Jable. Bei El Paso ist der Parkplatz größer und näher am Strand. Zu Fuß vom südlichen Ortsrand Costa Calmas 1,8 km bis Playa Barca und ca. 3,5 km bis zur Lagune. Die Buslinie 5 ab Costa Calma nach Morro Jable hält beim Hotel Gorriones.

Surfcenter René Egli: *Büro im Hotel Gorriones, Station an der Playa Barca. Tel. 0034 928 547 483, www.rene-egli.com.* **ION Club Center** *in El Paso, Tel. 0034 667 796 688, www.ionclubfuerte.com.*

Windsurfing & Kiteboarding World Cup: *Jährlich im Juli oder August, Termine und Programm auf www.rene-egli.com*

GPS-Wegpunkt 46 (Parkplatz Pl. Barca): 28,13721 -14,24387
GPS-Wegpunkt 47 (Parkplatz El Paso): 28,11185 -14,26418

3.3. Der Süden – Playa de Sotavento

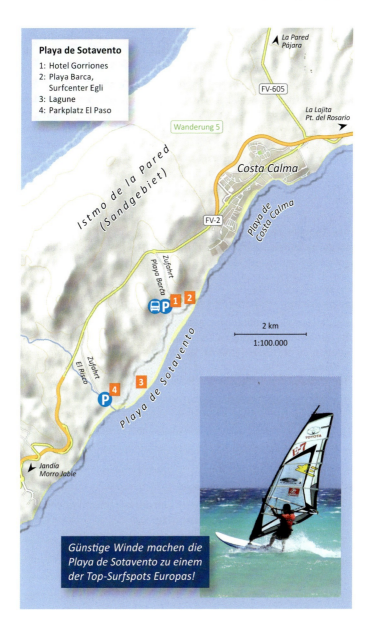

Günstige Winde machen die Playa de Sotavento zu einem der Top-Surfspots Europas!

Jandía und Morro Jable

Südlich des Istmo de la Pared beginnt eine Bergkette, die über mehr als 15 Kilometer quasi das Rückgrat der Halbinsel Jandía bildet und mit dem gut 800 Meter hohen Pico de la Zarza (➤ Seite 175) ihren höchsten Gipfel erreicht. Sie hält die üblicherweise aus Richtung Norden wehenden Passatwinde und die von ihnen herangetriebenen Wolken von der Südküste der Halbinsel ab. Aus diesem Grund hat die Gegend eine besonders hohe Wahrscheinlichkeit für sonniges Wetter, hier werden die höchsten Temperaturen der Insel gemessen und es ist nicht so windig wie an der Playa de Sotavento (➤ Seite 99). Wenn es in erster Linie ein Strand- und Badeurlaub sein soll, ist dieser Küstenabschnitt daher eine hervorragende Option!

> **Pflicht oder nicht?**
>
> • • • • *top, unbedingt machen!*
> • • • *sollte man erlebt haben*
> • • *nette Abwechslung*
> • *man versäumt nicht viel*
>
> *Jandía hat einen der besten Strände Fuerteventuras, ist sonst aber eher gesichtslos. Morro Jable ist dagegen eine schöne Option für einen Bummel.*

Die von Costa Calma kommende Straße schlängelt sich in Küstennähe an den Berghängen entlang und passiert die modernen Retortensiedlungen **Esquinzo** und **Butihondo**, die von eher exklusiven Club- und Apartmentanlagen geprägt sind. Sofern man nicht in einer davon gebucht hat, gibt es nicht wirklich einen Grund, hierher zu kommen, denn die Strände sind vergleichsweise klein und außerhalb der Anlagen ist nicht wirklich etwas los.

Jandía hat einen der weitläufigsten Strände der Insel.

3.4. Der Süden – Jandía und Morro Jable

Einige Kilometer weiter südlich ist in einer langgestreckten Küstenebene mit **Jandía** das größte Touristenzentrum Fuerteventuras erreicht. Der manchmal auch *Jandía Playa* genannte Ort verfügt über einen der größten Strände der Insel, hält allerdings eine gewisse Distanz dazu: Anders als üblich wurde hier nicht direkt an den Strand gebaut, die langgestreckte Siedlung zieht sich auf der landeinwärts gewandten Seite der vierspurigen Durchgangsstraße entlang, die in einiger Entfernung von der Küste verläuft. Die ausgedehnte Shopping- und Gastrozeile an der Straße ist sowohl tagsüber als auch abends belebt, dahinter ziehen sich Hotels und Apartmentanlagen den Hang hinauf. Wirklich edel wirkt das allerdings nicht, es herrscht der übliche, inzwischen schon etwas in die Jahre gekommene Einheitsstil großer Massentourismuszentren vor. Die Straße ist immerhin mit einem breiten, palmenbestandenen Grünstreifen verziert und effektiv verkehrsberuhigt.

Zwischen Straße und Strand breitet sich eine mehrere hundert Meter breite Zone von Salzwiesen aus, **El Saladar** genannt. Was wie eine öde Heidelandschaft aussieht, ist ein spezielles Biotop: Die Salzwiesen sind die meiste Zeit über völlig trocken, bei den seltenen Springfluten werden sie aber weitgehend vom Meerwasser überflutet. Der sandig-lehmige Boden ist daher stark salzhaltig, so dass hier nur speziell angepasste Pflanzen wachsen können. Seit Ende der Achtzigerjahre steht das Gebiet unter Naturschutz – das ist auch der Grund dafür, dass die Hotels einen so großen Abstand zum Strand halten müssen. Früher führten zahlreiche Trampelpfade durch die Salzwiesen, was der emp-

Die Playa del Matorral zieht sich bis nach Morro Jable.

3.4. Der Süden – Jandía und Morro Jable

findlichen Vegetation natürlich nicht gut getan hat. Inzwischen darf man daher nur noch auf den beiden recht weit auseinanderliegenden Holzbohlenwegen zum Strand gehen: Der Hauptzugang führt vom Zentrum Jandías zum weithin sichtbaren Leuchtturm, dem Faro de Morro Jable. 300 Meter weiter im Nordosten gibt es einen weiteren Zugang, an dessen Ende das Skelett eines 15 Meter langen Pottwals, der 2005 bei Costa Calma tot angespült wurde, aufgebaut ist. Der Leuchtturm befindet sich ungefähr in der Mitte der weitflächigen **Playa de Matorral**, die mit einer Länge von fast vier Kilometern und einer Breite von um die 100 Metern eine der ausgedehntesten Strandzonen Fuerteventuras ist. Der feine, sanft ins Meer abfallende Sand und die meist ruhige Brandung machen die Playa de Matorral (die gelegentlich auch Playa de Jandía genannt wird) zu einem der besten Badestrände der ganzen Insel! Einziger Nachteil: Abgesehen von einer Bar beim Leuchtturm gibt es keine Infrastruktur direkt am Strand, und die Gastromeile an der Straße ist recht weit entfernt.

In ihrem südlichen Abschnitt wird die Playa de Matorral schmaler; hier reicht die Bebauung direkt an den Strand heran, der sich, von einem schönen Promenadenweg begleitet, noch bis zum Zentrum von **Morro Jable** erstreckt. Anders als Jandía ist dies keine moderne Retortensiedlung; der Ursprung als Fischerdorf lässt sich allerdings nur noch erahnen, längst ist Morro Jable mit dem benachbarten Jandía zu einer einzigen großen Tourismuszone verschmolzen. Anders als der weit in die Länge gezogene Nachbarort drängt sich Morro Jable in eine enge

Die Promenade von Morro Jable wirkt durchaus edel.

3.4. Der Süden – Jandía und Morro Jable

Schlucht, der hintere Teil der Siedlung zieht sich weit ins Landesinnere hinein. Die schmale Strandfront des Ortes wirkt zwar etwas gedrängt, ist aber durchaus hübsch gestaltet und macht einen deutlich edleren Eindruck als die etwas ramschig anmutende Einkaufs- und Gastrozeile von Jandía. Mit ihren Restaurants und Bars ist die Promenade von Morro Jable vor allem für einen abendlichen Bummel eine schöne Option, dann gibt es zumindest noch eine Ahnung der längst verloren gegangenen Fischerdorf-Romantik.

Hinter dem Felskap, an dem die Häuser rund um die wenige Jahrzehnte alte Kirche den Hang hinaufklettern, liegt der moderne Hafen, den unter anderem die Fähre aus Gran Canaria anläuft.

> **6 Auf den Pico de la Zarza**
> *Technik* ●●●○○
> *Kondition* ●●●●○
> ➤ Seite 175
>
> *Wanderungen*

> *Parkplätze in Jandía an der Durchgangsstraße, in Morro Jable gibt es einen größeren Parkplatz einige hundert Meter vom Strand entfernt. Vom Leuchtturm nach Morro Jable sind es am Strand entlang gut 2 km. Jandía und Morro Jable werden von mehreren Buslinien angefahren: Linien 1 und 10 ab Puerto del Rosario, Linien 4 und 9 ab Pájara (alle über Costa Calma und Jandía bis Morro Jable).*
>
> GPS-Wegpunkt 48 (Leuchtturm Jandía):   28,04615 -14,33298
> GPS-Wegpunkt 49 (Morro Jable):   28,04957 -14,35223
>
> *Wie man hinkommt*

Jandía/Morro Jable
1: Leuchtturm
2: Walskelett
3: Zentrum Morro Jable

Halbinsel Jandía

Hinter Morro Jable, der südlichsten Ortschaft von nennenswerter Größe, beginnt Fuerteventuras „wildes Ende": Der gesamte südliche Abschnitt der Halbinsel Jandía ist kaum bewohnt und nur durch Pisten erschlossen – eine weitläufige, wüstenhafte und einsame Gegend ohne nennenswerte Besiedelung, die seit 1987 als Naturpark geschützt ist. Ganz so spektakulär, wie sich das alles anhört, ist das Abenteuer allerdings auch wieder nicht: Die Piste, die die gesamte Halbinsel durchzieht, ist zwar nicht asphaltiert, spätestens seit der letzten Renovierung aber so gut in Schuss, dass man fast wie auf einer normalen Straße fährt; einen Geländewagen braucht man hier – anders als bisweilen zu lesen ist – definitiv nicht. Auch ist die Tour einer der Standard-Ausflüge, die fast alle Touristen unternehmen, wer wirkliche Einsamkeit erwartet, könnte also enttäuscht werden.

Pflicht oder nicht?		
	••••	*top, unbedingt machen!*
	•••	*sollte man erlebt haben*
	••	*nette Abwechslung*
	•	*man versäumt nicht viel*

Die Halbinsel Jandía ist noch immer eines der großen Abenteuer Fuerteventuras!

Die Piste schlängelt sich nach ihrem Beginn bei Morro Jable parallel zur Küste am Südrand der Bergkette entlang, die hier allmählich flacher wird. Nach links führen gelegentlich kurze Abstecher (die mit einem normalen Auto nicht befahrbar sind) zu kleinen, allerdings nicht wirklich schönen Stränden hinunter. Elf Kilometer nach Morro Jable gabelt sich die Piste: Rechts geht es über die Berge nach Cofete (➤ Seite 109), geradeaus zur Punta de Jandía, Fuerteventuras südwestlichstem Punkt. Kurz vor dem Kap liegt die kleine Siedlung **El Puertito** 1

Staubige Pisten führen in eine wüstenhafte Landschaft.

3.5. Der Süden – Halbinsel Jandía

(offiziell Puerto del la Cruz), die zur Hälfte aus dauergeparkten Wohnwagen besteht und überwiegend von Einheimischen als Wochenenddomizil genutzt wird. Ein gut einen Kilometer langer Abstecher führt über die schmale, von unattraktiven Kiessträndern gesäumte Landzunge zum Leuchtturm **Faro de la Punta de Jandía** 2. Im Basisgebäude des Turms informiert eine kleine Ausstellung über die speziellen Lebensformen dieser Gegend: Die trockene, wüstenhafte und von ständigen Winden umbrauste Landschaft ist ein sehr spezieller Lebensraum, in dem es eine ganze Anzahl außergewöhnlicher Tier- und Pflanzenarten gibt, darunter einige seltene Endemiten. Die Ausstellung ist nicht sonderlich umfangreich, kostet aber auch nichts.

Die Punta de Jandía ist einer der beiden markanten Zipfel, mit denen Fuerteventura im Südwesten ausläuft. Von hier aus führt die Piste zurück nach El Puertito und dann noch gute vier Kilometer in Richtung Norden zum zweiten Zipfel, der Punta Pesebre. Auf dem Weg dorthin lohnt die **Playa de Ojos** 3 einen Stopp: Der traumhafte „Augenstrand" liegt am Fuß eines steilen, instabilen Hangs, dessen Abbruchkante man nicht zu nahe kommen sollte. Man kann aber durchaus heil nach unten gelangen: In der Mitte des Strandes ragt eine Felszunge ins Meer hinaus, hier ist der Boden fest genug, um gefahrlos absteigen zu können. Rechts der Piste erstreckt sich eine weite, sandige Ebene mit eigenartigen Pflanzen: Das Biotop ist so extrem, dass sich hier nur wenige Spezialisten halten können. Botanisch Interessierte können bei einem kleinen Spaziergang bizarre sukkulente Pflänzchen entdecken, die sich dicht an den sandigen Boden drücken. Auf einigen Karten ist an die-

Strandkleinod am Fuß eines Steilhangs: die Playa de Ojos.

ser Stelle kurioserweise ein Flugplatz eingezeichnet: Tatsächlich wurde hier in den Sechzigerjahren eine staubige Landebahn für kleine Flugzeuge angelegt!

Die Piste endet wenige Kilometer weiter an der **Punta Pesebre** 4. Hier ist in jeglicher Hinsicht das Ende Fuerteventuras erreicht: Keine

Wilde Felsküste: die Caleta de la Madera.

Siedlung, kein Haus, nur ein Minileuchtturm hält einsam die Stellung. Strände gibt es nicht, nur eine wilde, einsame Küstenlandschaft, die hier aus flachen, brüchigen Hängen besteht. Meist macht ein heftiger Wind den Aufenthalt eher ungemütlich. Lohnend ist ein kleiner Spaziergang an der Steilküste entlang in Richtung Osten: Nach 1,3 Kilometern erreicht man einen Hügel mit Blick auf die eindrucksvolle Felsbucht **Caleta de la Madera** 5.

Zwischen Morro Jable und El Puertito zweigt eine weitere Piste in Richtung Norden ab. Sie schlängelt sich – inzwischen ebenfalls ausgebaut und daher mit normalen Autos gut befahrbar – zur 230 Meter hoch gelegenen Passhöhe **Degollada Agua Oveja** 6 hinauf. Vom Aussichtspunkt neben dem Pass hat man eine großartige Aussicht auf die Nordseite der Halbinsel Jandía mit ihren rauen, steinigen Hängen, die am

Von der Degollada Agua Oveja geht der Blick weit nach Osten.

3.5. Der Süden – Halbinsel Jandía

Meer in kilometerlange Strände übergehen: Die Playa de Cofete und die anschließende Playa de Barlovento sind von hier aus bis zu ihrem Ende zu überblicken, im Hintergrund sieht man den nördlichen Abschnitt der Sandregion am Istmo de la Pared. Allerdings genießen die meisten Besucher die Aussicht nicht allzu lange, denn der Wind ist hier in der Regel besonders unangenehm!

Vom Pass aus führt die Piste zur winzigen Siedlung **Cofete** 7 hinunter. Fuerteventuras abgelegenste Ortschaft wurde offiziell 1816 gegründet und war früher gar nicht so unbedeutend, zeitweise lebten hier um die 100 Menschen. Im 19. Jahrhundert war diese Gegend noch weitaus grüner als heute, so dass es sogar möglich war, Obst anzubauen. Übermäßige Beweidung und Abholzung hatten jedoch eine Wüstenbildung zur Folge, die die meisten Bewohner Anfang des 20. Jahrhunderts zum Abwandern zwang. Heute gibt es hier einige wenige Gebäude, die dem Flecken mit ihrer etwas provisorischen Anmutung die Atmosphäre eines Wildwest-Dorfes geben. Ein Teil davon wird als Wochenendwohnsitze genutzt, für die zahlreich vorbeikommenden Touristen gibt es inzwischen sogar ein Restaurant. Oben am Hang, in einiger Entfernung von Cofete, fällt ein einzelnes, herrschaftlich anmutendes Haus auf: Die **Villa Winter** 8 war das Domizil des von zahlreichen Geheimnissen umgebenen deutschen Ingenieurs Gustav Winter (▶ Seite 113).

Von Cofete aus führt die Piste noch einen knappen Kilometer zum Strand hinunter und endet dort an einem großen Parkplatz neben dem alten Friedhof. Die **Playa de Cofete** 9 ist einer der großartigsten

Die Playa de Cofete wird von einer monumentalen Bergkette überragt.

3.5. Der Süden – Halbinsel Jandía

Strände der ganzen Insel, wild und weit und abenteuerlich erstreckt sie sich von hier aus viele Kilometer weit in Richtung des Istmo de la Pared. Durch den leichten Bogen nach links, den die Küstenlinie hier beschreibt, ist der Strand endlos weit überblickbar, eindrucksvoll überragt von der langgestreckten Bergkette um den Pico de la Zarza – das vielleicht schönste Landschaftsbild Fuerteventuras! Am Strand gibt es keinerlei Serviceangebote, und wie alle Strände der Nordwestküste ist auch die Playa de Cofete durch den meist kräftigen Wind und die starke Brandung zum Baden nicht wirklich geeignet. Sie ist aber prädestiniert für lange, einsame Strandwanderungen: In Richtung Nordosten erreicht man nach 3,5 Kilometern die kleine felsige Halbinsel **El Islote** 10, die eine schöne Aussicht über die riesige Strandzone bie-

Wanderungen

7 **Über die Degollada de Cofete**
Technik ●●●●○
Kondition ●●●○○
➤ *Seite 179*

Halbinsel Jandiá
1: El Puertito (Pt. de la Cruz)
2: Faro de la Punta de Jandía
3: Playa de Ojos
4: Punta Pesebre
5: Caleta de la Madera
6: Degollada Agua Oveja
7: Cofete
8: Villa Winter
9: Parkplatz Playa Cofete
10: El Islote
11: Roque del Moro

tet. Dahinter setzt sich der Strand unter dem Namen **Playa de Barlovento** fort. Der „windzugewandte Strand" („barlovento" ist der spanische Ausdruck für die Luvseite) ist das nördliche Gegenstück zur Playa de Sotavento auf der Südseite der Halbinsel (> Seite 99) und zieht sich von hier aus noch weitere drei Kilometer auf den Istmo de la Pared zu, wird dabei allerdings immer schmaler.

Auch in westlicher Richtung geht es noch weiter: Hier erstreckt sich der Strand, etwas schmaler und durch kurze Felszonen unterbrochen, vom Parkplatz 4,5 Kilometer bis zum **Roque del Moro** 11 : Der „Maurenfels" ist ein Monolith, der das äußerste westliche Ende des Strands markiert; nur wegen diesem müsste man nicht kommen, aber der recht große und von schönen Felsen durchsetzte Sandstrand, der auch

Am Roque del Moro ist der westlichste Ausläufer der Playa de Cofete erreicht.

> *Grundsätzlich ist die Piste von Morro Jable zur Punta Pesebre und nach Cofete natürlich auch mit dem MTB befahrbar. Ein wirkliches Vergnügen ist es allerdings nicht: Man fährt wie auf Asphalt und wird dauernd von Autos überholt. In der Nähe der Punta de Jandía kann man sich immerhin etwas Abwechslung verschaffen, indem man die Jeepspuren benutzt, die zwischen der Autopiste und der Küste verlaufen und für MTB-Fahrer eine dezente Herausforderung darstellen. Von Cofete aus am Strand entlangzufahren, ist mit einem normalen MTB nicht möglich, der Sand ist zu tief – hier wäre ein Fatbike eine interessante Option.*
>
> *Auch sollte man die Entfernung nicht unterschätzen: Ab Morro Jable bis zur Punta Pesebre und zurück sind es fast 50 km, zur Playa Cofete und zurück 40 km (plus 230 Höhenmeter). Die kombinierte Tour mit Punta Pesebre und Playa Cofete schlägt mit 65 km zu Buche.*

3.5. Der Süden – Halbinsel Jandía

auf dem Titel dieses Buches abgebildet ist, ist ein Geheimtipp für alle, denen die Strandzone am Parkplatz zu überlaufen ist! Alternativ kann man auch über eine gut drei Kilometer lange raue Piste, die zwischen der Passhöhe und Cofete abzweigt, hierher gelangen.

Wer ein kleines Abenteuer erleben will, fährt die Strecke nicht mit dem Auto, sondern mit dem Bus: Die 2014 eingerichtete Linie 111, die von Morro Jable zum Leuchtturm und zur Playa de Cofete fährt, wird nämlich nicht mit normalen Bussen befahren, sondern mit einem umgebauten Unimog, der 2013 für die Dreharbeiten zu Ridley Scotts Bibelepos „Exodus: Götter und Könige" angeschafft wurde (➤ Seite 10)! Die Busverbindung ermöglicht es auch, die Bergkette über die Degollada de Cofete zu überschreiten, ohne wieder zurückgehen zu müssen (➤ Seite 179).

Nach Cofete fährt der abenteuerlichste Bus der Insel.

Auf der Hauptstraße an Morro Jable vorbei und vor dem Hafen rechts Richtung Cofete/Punta de Jandía. Die zunächst asphaltierte Straße geht nach 1,7 km in eine nicht befestigte Piste über, die auf ihrer gesamten Länge von Morro Jable bis zur Punta Pesebre und zur Playa de Cofete zum Zeitpunkt der Recherche mit einem normalen Auto gut befahrbar war. Der Zustand der Fahrbahn kann sich jedoch ändern! Fahren Sie vorsichtig und achten Sie darauf, ob andere Fahrzeuge ähnlicher Bauart gut durchkommen. Die von der Hauptpiste abzweigenden Abstecher sind nur mit Geländewagen befahrbar.

Buslinie 111 von Morro Jable (dort Anschluss an andere Linien) nach Faro de la Punta de Jandía (nicht bis Punta Pesebre) und Playa de Cofete: Ab Morro Jable tägl. 10:00 und 14:00 Uhr, Rückfahrt ab Playa Cofete ca. 12:45 und 16:45 Uhr, derzeit 8,70 € pro Fahrt.

Faro de la Punta de Jandía: Di-Sa 10:00-18:00 Uhr, Eintritt frei.

GPS-Wegpunkt 50 (Punta de Jandía):	28,06628 -14,50745
GPS-Wegpunkt 51 (Playa de Ojos):	28,08421 -14,49241
GPS-Wegpunkt 52 (Punta Pesebre):	28,10948 -14,49075
GPS-Wegpunkt 53 (Parkplatz Pl. Cofete):	28,11053 -14,38783

Thema: **Die Villa Winter**

Am Hang oberhalb von Cofete thront ein eigenartiges Gebäude, das nicht so richtig in diese einsame Gegend passt: eine herrschaftliche, repräsentative Villa, umgeben von einer abweisenden Mauer, an der Nordostecke ein niedriger Turm. Ihr Besitzer war der deutsche Ingenieur Gustav Winter (1893-1971). Er kam, nachdem er bereits in der Zwanzigerjahren einige Jahre auf Gran Canaria gelebt hatte, 1937 nach Fuerteventura und pachtete den gesamten südlichen Abschnitt der Halbinsel Jandía, auf dem zu dieser Zeit nur wenige Menschen lebten. Er siedelte diese Bewohner nach Morro Jable um, machte seine weitflächigen Ländereien mit Stacheldraht zum Sperrgebiet und ließ die heute noch existierende Fahrpiste sowie eine Landebahn für kleinere Flugzeuge anlegen. Während des Krieges ging Winter für einige Jahre in das besetzte Frankreich und leitete dort eine U-Boot-Werft, 1947 kehrte er nach Fuerteventura zurück. Die Villa wurde wahrscheinlich in den Vierzigerjahren in seinem Auftrag erbaut und in den Fünfzigern erweitert, genaue Jahreszahlen sind jedoch nicht bekannt.

Überhaupt sind die Informationen über Gustav Winter dürftig. Was wollte er – oder was *sollte* er auf Fuerteventura? Klar ist, dass er gute Verbindungen sowohl zu höchsten Nazikreisen als auch zum verbündeten Franco-Regime hatte und über sehr viel Geld

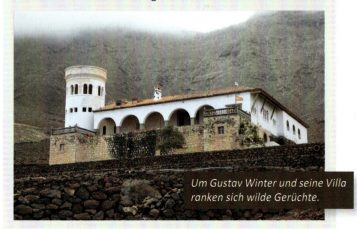

Um Gustav Winter und seine Villa ranken sich wilde Gerüchte.

verfügte. In Zusammenspiel mit seinem Isolationismus, seiner Arbeit mit den U-Booten in Frankreich und einigen Bauarbeiten mit unbekanntem Zweck, die in der Gegend um Cofete stattfanden, führte dies zu der Theorie, Hitler selbst habe ihn nach Fuerteventura geschickt, um dort – natürlich mit Billigung Francos – einen geheimen unterirdischen Stützpunkt für die U-Boote der Wehrmacht zu bauen. Manche vermuten auch, Hitler habe die Villa als Exilwohnsitz für sich selbst geplant, und nach dem Zusammenbruch des Dritten Reiches sollen über Winters Anwesen hohe Nazis in Geheimoperationen nach Südamerika geschleust worden sein (natürlich mit U-Booten). Bislang konnten all diese Theorien nicht bestätigt, aber auch nicht wirklich widerlegt werden, es gibt viele Spekulationen und wenig Fakten. Die Geschichte, es habe tatsächlich einen funktionsfähigen geheimen U-Boot-Bunker auf Fuerteventura gegeben, der nach dem Krieg (mit zwei U-Booten darin) gesprengt worden und seitdem niemals gefunden worden sei, gehört jedoch sicherlich ins Reich der Legenden.

Ab 1947 lebte Winter wieder ständig auf Fuerteventura, er gab den wohlwollenden Gutsherrn und experimentierte auf den Ländereien, die zwischenzeitlich in seinen Besitz übergegangen waren, unter anderem mit Tomatenplantagen. Ging es ihm, wie er Ende der Sechziger in einem Interview für das Magazin „Stern" behauptete, von Anfang an doch nur um landwirtschaftliche Entwicklung und andere völlig harmlose Projekte? Winter bewohnte seine Villa bis zu seinem Tod im Jahr 1971. Danach verkauften die Erben den Grundbesitz an die Gemeinde Pájara, in der Villa wohnte seitdem nur noch der Verwalter mit seiner Frau.

Während der Recherche für dieses Buch war die Villa Winter als „museo privado" für Besichtigungen geöffnet. Viel gab es freilich nicht zu sehen: Neben dem Innenhof waren einige Räumlichkeiten zugänglich, in denen der Sohn des Verwalters ein improvisiertes Museum mit einem Sammelsurium von Gegenständen aus der Zeit Winters eingerichtet hatte. Einige Monate später war das Museum geschlossen und es hieß, die Villa, die zuletzt in schlechtem Zustand war, solle renoviert werden. Es bleibt also spannend!

Weiterführende Details und ein Forum mit aktuellen Nachrichten gibt es auf www.villawinter.com.

Teil 4

Lanzarote

Fuerteventuras nördliche Nachbarinsel ist nur etwas mehr als zehn Kilometer entfernt und mit der Fähre von Corralejo aus innerhalb kurzer Zeit erreichbar. Sofern Sie im Norden Fuerteventuras wohnen, ist die Nachbarinsel dadurch ein interessantes Ziel für einen Tagesausflug – denn Lanzarote hat landschaftlich ein völlig anderes Gesicht als Fuerteventura: Vulkanische Landschaften, die in ihrer überwältigenden Schroffheit und Lebensfeindlichkeit niemanden unbeeindruckt lassen, erstrecken sich über große Teile der Insel. Während die letzte Eruption auf Fuerteventura Jahrtausende zurückliegt, kam es auf Lanzarote noch im 18. Jahrhundert zu großen Ausbrüchen, die das Gesicht der Insel völlig verändert haben.

Pflicht oder nicht?

• • • • top, unbedingt machen!
• • •   *sollte man erlebt haben*
• •   nette Abwechslung
•   man versäumt nicht viel

Lanzarote hat ein völlig anderes Gesicht als Fuerteventura und ist daher eine äußerst interessante Abwechslung!

Parque Nacional de Timanfaya
Seite 118

Parque Natural de los Volcanes
Seite 124

Arrecife

Von El Golfo nach Janubio
Seite 130

12 km
1:600.000

Playa Blanca

La Geria
Seite 127

Corralejo

Ein Ausflug lohnt sich daher vor allem für diese landschaftlichen Sehenswürdigkeiten, die sich im Zentrum der Insel konzentrieren. Klar, es gibt auf Lanzarote schöne Strände und hübsche Ortschaften – das haben Sie auf Fuerteventura aber auch, deswegen also müssen Sie nicht hinüberfahren. Bei einer Tagesfahrt macht es Sinn, sich auf die schönsten und eindrucksvollsten Landschaften Lanzarotes zu beschränken: Der Nationalpark Timanfaya, die Vulkane und Küstenlandschaften in dessen Umgebung sowie das Weinbaugebiet La Geria lassen sich vom Fährhafen in Playa Blanca aus auf einer rund 65 Kilometer langen Rundfahrt entdecken, die genug Zeit lässt, um sich alles stressfrei anzusehen.

> **Wie man hinkommt**
>
> *Es gibt drei Fährgesellschaften, die Überfahrten von Corralejo auf Fuerteventura nach Playa Blanca auf Lanzarote anbieten. Alle fahren mehrmals täglich. Die Anbieter unterscheiden sich vor allem durch die Bauart ihrer Schiffe und die dadurch bedingte Fahrzeit: Die langsameren Schiffe sind deutlich billiger als die Schnellfähren, die Preise bewegen sich zwischen 30 und 70 € (Hin- und Rückfahrt). Aktuelle Tarife erfahren Sie am Hafen oder bei www.directferries.com.*
>
> **Fred Olsen** (www.fredolsen.es) *hat den dichtesten Fahrplan und die schnellsten Schiffe (Fahrtdauer 25 Minuten), aber auch die höchsten Preise.* **Naviera Armas** (www.navieraarmas.com) *liegt zeitlich und preislich etwas darunter (Fahrtdauer 35 Minuten).* **Lineas Maritimas Romero** (www.lineasromero.com) *hat mit 45 Minuten die längste Fahrzeit, ist dafür aber der mit Abstand günstigste Anbieter.*
>
> **Ticketkauf:** *Eine vorherige Buchung ist nicht nötig, man kauft das Ticket einfach vor der Abfahrt an der Verkaufsstelle am Hafen (rund 30 Minuten vorher da sein ist sinnvoll). Sie müssen beim Ticketkauf und bei der Fahrt* **Reisepass oder Personalausweis** *dabei haben!*
>
> **Mietwagen:** *Wenn Sie Ihr Fahrzeug mitnehmen möchten, erkundigen Sie sich vorher bei Ihrem Vermieter, ob das erlaubt ist; die meisten Autovermietungen gestatten es nicht, das Auto auf eine andere Insel zu bringen! Alternativ können Sie bei Cicar (www.cicar.com) ein Fahrzeug auf Lanzarote mieten, dieser Anbieter hat eine Station direkt am Fährhafen in Playa Blanca.*
>
> **Mit dem Bus:** *Es ist nicht möglich, die hier vorgeschlagenen Ziele mit dem Linienbus zu erreichen, da der größte Teil der Rundfahrtstrecke keine Anbindung an das Busnetz hat. Wenn Sie nicht selbst fahren möchten, empfiehlt es sich, an einer Busrundfahrt teilzunehmen.*

Im Detail: **Rundfahrt auf Lanzarote**

Die hier vorgeschlagene Rundfahrt ist rund 65 km lang und führt vom Fährhafen Playa Blanca zunächst auf der LZ-2 nach Yaiza. Von der Umgehungsstraße bei Yaiza zweigt die LZ-67 Richtung Norden nach Timanfaya/Mancha Blanca ab, die Einfahrt zum **Nationalpark 1** ist nach 6,7 km erreicht. Danach weiter Richtung Mancha Blanca mit optionalem Stopp am **Besucherzentrum 3**, ab Mancha Blanca auf der LZ-56 nach Süden durch den **Parque Natural 4+5**.

Die LZ-56 trifft auf die quer verlaufende LZ-30, die nach rechts Richtung Uga/Yaiza führt und dabei **La Geria 6** durchquert. Wenn noch Zeit bleibt, lohnt sich ab Yaiza der Abstecher nach **El Golfo 7** und auf der küstenparallel verlaufenden LZ-703 bis zu den **Salinas de Janubio 10**. Von dort sind es 10 km (15-20 Minuten) bis zum Fährhafen.

Lanzarote-Rundfahrt
1: Islote del Hilario (S. 118)
2: Echadero de los Camellos (S. 120)
3: Besucherzentrum (S. 121)
4: Montaña del Cuervo (S. 124)
5: Montaña Colorada (S. 125)
6: Bodegas La Geria und Rubicón (S. 129)
7: Lagune von El Golfo (S. 130)
8: Playa Mont. Bermeja (S. 131)
9: Los Hervideros (S. 132)
10: Salinas de Janubio (S. 132)

4.1. Lanzarote – Parque Nacional de Timanfaya

Parque Nacional de Timanfaya

Zwischen 1730 und 1736 wurde auf Lanzarote während einer extrem lange andauernden vulkanischen Eruptionsserie (> Seite 122) eine Fläche von rund 167 Quadratkilometern von Lavamassen bedeckt. Das Kerngebiet dieses Areals, eine Fläche von gut 50 Quadratkilometern, wurde 1974 zum Nationalpark erklärt. Er ist nach Timanfaya benannt, einem der Dörfer, die von den Lavamassen begraben wurden. Die Straße von Yaiza nach Mancha Blanca führt mitten durch das Vulkangebiet hindurch und bietet einen schönen ersten Eindruck. Der Zugang zum Nationalpark ist allerdings stark eingeschränkt: Streifzüge zu Fuß sind nicht gestattet, die Straße bietet nicht einmal Haltemöglichkeiten. Dieser konsequente Schutz ist sinnvoll und notwendig, weil selbst kleinste Veränderungen wie Trampelpfade diese weitgehend leblose und kaum regenerationsfähige Landschaft irreparabel schädigen würden.

Das Herzstück des Nationalparks ist eine bis zu 510 Meter hohe Vulkangruppe, die „Montañas del Fuego". Die „Feuerberge" können mit einer Busrundfahrt besichtigt werden, die an der Anhöhe **Islote del Hilario** 1, dem „Zivilisationszentrum" des Nationalparks, beginnt. An dieser Stelle dringt noch immer vulkanische Hitze nach oben: Bereits wenige Meter unter der Oberfläche herrscht eine konstante Temperatur von mehreren hundert Grad. Sofern nicht gerade ein Bus abfahrbereit ist, wird man zunächst zu einer kleinen Show gebeten, mit der dies auf anschauliche Art demonstriert wird: Der Zeremonienmeister schiebt zunächst mit einer langen Gabel ein Büschel trockenen Buschwerks in

Die Rundfahrt führt durch das Kerngebiet des Nationalparks.

4.1. Lanzarote – Parque Nacional de Timanfaya

eine kleine Grube, das innerhalb weniger Sekunden Feuer fängt. Danach wird Wasser in ein im Boden versenktes Rohr gegossen. Sekunden später kommt es, von der Vulkanhitze verdampft, unter aggressivem Fauchen als meterhohe Fontäne herausgeschossen – durchaus beeindruckend! Schließlich wird noch der spektakulärste Grill der Kanaren präsentiert: Die aus einer brunnenähnlichen Öffnung emporsteigende Wärme ist so gerade so intensiv, dass man kurze Zeit die Hände darüber halten kann. Auf dem großen Rost bereitet das nebenan gelegene Restaurant El Diablo seine Fleischgerichte zu.

Der Höhepunkt ist aber natürlich die Rundfahrt, die je nach Gegebenheiten vor oder nach der Geothermievorführung stattfindet: Mit dem Bus geht es rund 40 Minuten lang über eine schmale Straße, die sich 14 Kilometer durch das Massiv der Montañas del Fuego windet. Versuchen Sie, auf der rechten Seite zu sitzen, dort ist die Aussicht viel besser! Man darf nirgends aussteigen, der Bus fährt aber sehr langsam und hält an den interessantesten Punkten an, damit man Zeit zum Schauen und Fotografieren hat. Es geht vorbei an bizarren Schloten und tiefen Kratern mit steilen Schlünden, man sieht Formen, die an erstarrten Kuchenteig erinnern. Im Hintergrund erstreckt sich über viele Kilometer bis zur Küste die Ebene des „Mar de Lava", des Lavameers. Dazu sind (auf Spanisch, Englisch und Deutsch) einige sparsame Erklärungen sowie Auszüge des Augenzeugenberichts des Pfarrers von Yaiza (▶ Seite 122) vom Band zu hören. Höhepunkte sind das „Valle de Tranquilidad", das „Tal der Stille", dessen sanft gewellte Hänge aus röt-

Das „Tal der Stille" wirkt wie mit rötlichem Puder überzogen.

lichem Sand durch den Auswurf feiner Vulkanasche entstanden sind, und der aussichtsreiche Abschnitt kurz vor dem Ende, der rund 100 Meter über der Ebene an der Ostflanke der Montaña del Fuego entlangführt.

Diese Rundfahrt ist die Top-Attraktion Lanzarotes, die absolut jeder Besucher der Insel mitmacht – ein gewisses Maß an Massenabfertigung ist daher unvermeidbar. Dennoch sollten Sie das Besuchsprogramm auf keinen Fall auslassen: Es ist wirklich sehr eindrucksvoll, und man hat sich erfolgreich um eine kitschfreie Präsentation bemüht, die die Landschaft für sich wirken lässt. Eine gute Idee ist es aber, entweder gleich morgens oder erst am späten Nachmittag zu kommen, dann geht man dem größten Ansturm aus dem Weg und vermeidet Wartezeiten.

Eine weitere Möglichkeit, die Feuerberge zu erleben, sind die Kamelritte, die am wenige Kilometer entfernten **Echadero de los Camellos** 2 angeboten werden. Je zwei Personen pro Kamel nehmen in Doppelsitzen Platz und werden in einer langsam dahinschreitenden Karawane 15-20 Minuten lang über eine kurze Strecke am Rand des Nationalparks entlanggeschaukelt – eher eine spaßige Kuriosität als ein großes Erlebnis, denn allzu viel sieht man dabei nicht. Immerhin hat diese Fortbewegungsart hier Tradition: Die einhöckrigen Dromedare wurden bereits im 15. Jahrhundert aus Nordafrika nach Lanzarote gebracht. Bis in die ersten Jahrzehnte des 20. Jahrhunderts hinein waren die zwar langsamen, aber ausgesprochen genügsamen Tiere das gängige Trans-

Das „Mar de Lava" umgibt die Vulkane.

4.1. Lanzarote – Parque Nacional de Timanfaya

portmittel und wurden auch für die Bearbeitung der Felder eingesetzt. Eine kleine Ausstellung in der Kamelstation widmet sich diesem Teil der Geschichte Lanzarotes.

Zum Abschluss bietet sich noch der Besuch des gut sechs Kilometer entfernt gelegenen **Centro de Visitantes** 3 an. Das kostenlos zugängliche Besucherzentrum zeigt eine interessante Ausstellung über den Vulkanismus mit einigen Multimedia-Präsentationen, alle Informationen sind auch auf Deutsch vorhanden. Von Zeit zu Zeit gibt es in einem unterirdischen Raum die Simulation einer Eruption, die vor allem akustisch eindrucksvoll ist – lassen Sie sich das Schauspiel nicht entgehen, wenn das Personal zur „simulation of a volcanic eruption" ruft!

Die Kamele drehen eine kleine Runde am Rand der Feuerberge.

Rundfahrten: Die Kasse befindet sich an der Abzweigung der Durchgangsstraße LZ-67. Von dort fährt man mit dem eigenen Fahrzeug 2,5 km zum Parkplatz am Islote del Hilario, wo die Rundfahrt startet (je nach Bedarf mehrmals pro Stunde). Keine Linienbusverbindung.

Tägl. 9:00-18:00 Uhr geöffnet, erste Rundfahrt meist zwischen 9:30 und 10:00 Uhr, letzte Fahrt gegen 17:00 Uhr, Dauer rund 40 min. Erwachsene 9,00 €, Kinder bis 12 die Hälfte. **Achtung:** Um die Mittagszeit, ungefähr zwischen 10:30 und 15:00 Uhr, ist am meisten Betrieb. Wenn möglich sollte man diese Zeit daher meiden.

GPS-Wegpunkt 54: 29,00612 -13,75326

Echadero de los Camellos (Kamelstation): An der LZ-67 2,6 km südlich des Parkeingangs, tägl. 9:00-16:00 Uhr. Ausstellung kostenlos.

GPS-Wegpunkt 55: 28,99229 -13,74213

Centro de Visitantes: An der LZ-67 Richtung Mancha Blanca, 4,1 km nördlich des Parkeingangs. Tägl. 9:00-16:00 Uhr, Eintritt frei.

GPS-Wegpunkt 56: 29,03329 -13,70351

Thema: **Die Vulkankatastrophe des 18. Jahrhunderts**

„Am 1. September 1730, zwischen neun und zehn Uhr abends, brach bei Timanfaya mit einem Mal die Erde auf. In der ersten Nacht erhob sich ein riesenhafter Berg aus dem Schoß der Erde, und aus dessen Gipfel schlugen Flammen hoch, die neunzehn Tage unaufhörlich brannten."

So beginnt der Bericht über ein Ereignis, das Lanzarote dramatisch veränderte und das Gesicht dieser Insel bis heute bestimmt. Die Eruptionen, die am 1. September 1730 im Zentrum der Insel begannen, sind eines der am längsten andauernden vulkanischen Ereignisse, die jemals geschichtlich dokumentiert wurden. Wieder und wieder brach die Erde auf, immer neue Vulkane entstanden, manche versanken bald darauf wieder. Die Lavaströme waren so dünnflüssig, dass sie sich über riesige Flächen ausbreiteten und schon in den ersten Tagen mehrere Dörfer unter sich begruben. Im Wesentlichen flossen die Lavamassen in Richtung der nordwestlich gelegenen Küste, wo die Insel dadurch sogar ein wenig größer wurde. Geologen bezeichnen diesen Eruptionstyp als „effusiv": Bei solchen Ausbrüchen treten sehr große Lavamengen aus mehreren Öffnungen entlang eines Risses in der Erdkruste aus, es gibt keinen Hauptkrater und keine explosiven Eruptionen. Immer wieder gab es Pausen, in denen es schien, als sei endlich alles vorüber. Doch immer wieder setzte sich das Unheil mit neuen Eruptionen fort; erst im April 1736, fast sechs Jahre später, kam die Erde endlich zur Ruhe. Am Ende waren 32 neue Vulkankegel entstanden und 167 Quadratkilometer von Lavamassen bedeckt, fast 20 Prozent der Inselfläche.

„Von Santa Catalina aus ergoss sich die Lava über Mazo und setzte ihren Weg bis zum Meer fort, sechs Tage mit entsetzlichem Lärm unentwegt fließend und dabei wahrhafte Katarakte bildend."

Dass wir heute darüber recht gut Bescheid wissen, verdanken wir einem Augenzeugen, Don Andrés Lorenzo Curbelo, damals Pfarrer von Yaiza: Er verfasste ein ausführliches Tagebuch, aus dem die Zitate auf diesen Seiten stammen. Sein Bericht ist so detailreich, dass er ein unschätzbares Dokument für die geologische Erforschung dieser Ereignisse darstellt. Im Januar 1732 verließ der

Pfarrer zusammen mit vielen anderen Bewohnern Lanzarotes die Insel, um auf Gran Canaria eine neue Existenz zu suchen; daher umfasst sein Bericht nur die ersten 16 Monate der Katastrophe.

Immerhin floss die Lava so langsam, dass die Menschen sich in Sicherheit bringen konnten; pyroklastische Ströme – extrem heiße und schnelle Aschelawinen, wie sie beispielsweise Pompeji vernichtet haben – gab es nicht. Daher war während der gesamten Dauer der Katastrophe nur ein einziges Todesopfer zu beklagen. Dennoch war der Schaden immens: Schätzungsweise 16-18 Prozent der damaligen Bevölkerung von rund 5000 Menschen waren obdachlos, und da die Lava ausgerechnet den fruchtbarsten Teil der Insel mit großen Anbauflächen für Getreide vernichtet hatte, war eine über Jahre andauernde Hungersnot die Folge. Viele Einwohner ließen sich daher auf anderen Kanareninseln nieder. Ein königliches Dekret verbot jedoch dem größten Teil der Bevölkerung das Verlassen Lanzarotes; eine unbewohnte Insel in strategisch so günstiger Lage wäre ein allzu attraktives Ziel für die Eroberung durch fremde Mächte gewesen.

> „Am 10. sah man, wie sich ein überaus großer Berg emporhob, der noch am selben Tag unter grauenhaftem Lärm in seinem eigenen Krater versank und die Insel mit Asche und Steinen überschüttete."

Am 31. Juli 1824 begannen neue Eruptionen auf Lanzarote, die bei den Bewohnern ungute Erinnerungen wachriefen. Die vulkanischen Aktivitäten blieben in diesem Jahr jedoch verhältnismäßig begrenzt und richteten keinen größeren Schaden an. Es waren bis heute die letzten Eruptionen auf dieser Insel.

> „Gegen Ende Juni 1731 waren alle Strände der Westseite mit einer unglaublichen Menge toter Fische bedeckt, und einige waren von einer Gestalt, die man zuvor noch nie gesehen hatte."

Was im 18. Jahrhundert eine immense Katastrophe darstellte, ist heute ein großer Gewinn für Lanzarote: Die Feuerberge im Herzen des Nationalparks, die riesigen vom „Mar de Lava" bedeckten Ebenen, die zahlreichen kleineren Vulkankegel und die wilden Felsküsten im Eruptionsgebiet gehören zu den eindrucksvollsten Landschaften Europas und machen zu einem großen Teil die Attraktivität dieser Insel aus.

4.2. Lanzarote – Parque Natural de los Volcanes

Parque Natural de los Volcanes

Der Timanfaya-Nationalpark ist von einem Parque Natural, einem Schutzgebiet mit geringerer Schutzstufe, umgeben. Auch dieses Gebiet wurde durch die Eruptionen des 18. Jahrhunderts geformt und ist kaum weniger eindrucksvoll als der Nationalpark. Anders als dort sind im Naturpark aber die Schutzvorschriften weitaus lockerer, so dass man hier auch zu Fuß auf Entdeckungsreise gehen darf. Die LZ-56 führt südlich von Mancha Blanca mitten durch dieses Gebiet hindurch und macht es leicht zugänglich.

Mehrere kleinere Vulkane liegen nur wenige hundert Meter von der Straße entfernt und können mit kleinen Spaziergängen erreicht werden. Der schönste von ihnen ist die **Montaña del Cuervo** 4, der „Rabenberg". Mit einer Höhe von nur etwas mehr als 50 Metern ist der manchmal auch *Montaña de las Lapas* genannte Vulkan ein eher bescheidener Berg; dennoch gehört er mit seinem scharf geschnittenen Profil, das schon von der Straße aus deutlich zu sehen ist, sicherlich zu den schönsten Vulkanen Lanzarotes und ist eine Sehenswürdigkeit ersten Ranges: Der Kraterrand ist gezackt und noch kaum von der Erosion gerundet, die Hänge aus feinem Lavasand wirken aus der Ferne wie gepudert. Das alles ist umgeben von einer leicht gewellten Landschaft aus Lavabrocken und feinem Kies, eine Sinfonie aus dunklem Grau und Braun. Erst bei genauerem Hinsehen erkennt man die unauffälligen Flechten, die die Oberflächen der Steine überziehen. Diese extrem genügsamen Lebensgemeinschaften aus Algen und Pilzen sind in der

Die Montaña del Cuervo ist einer der schönsten Vulkane der Insel.

Lage, unwirtliche Lebensräume zu besiedeln und können sie über sehr lange Zeiträume hinweg für höhere Pflanzen nutzbar machen – nach nicht einmal 300 Jahren steht dieser Prozess hier noch ziemlich am Anfang.

Der Krater ist während der Eruption aufgebrochen; auf der Nordwestseite gibt es eine tiefe Bresche, durch die man das Innere leicht betreten kann. Da sich die Montaña del Cuervo außerhalb des Nationalparks befindet, ist sie frei zugänglich, nur die Besteigung des Kraterrands ist verboten. Der kurze Spaziergang von der nahegelegenen Straße in den Krater ist ein echtes Erlebnis und sollte auf keinen Fall ausgelassen werden! Wie durch ein Portal betritt man den Krater, in dem Geologen Hinweise auf einen Lavasee fanden – die Vorstellung, dass hier vor nicht einmal 300 Jahren eine Zeitlang flüssiges Gestein brodelte, ist faszinierend und durchaus auch ein wenig beängstigend. Mit einer vollständigen Umrundung kann man den kurzen Weg zu einer kleinen Wanderung ausbauen, die schöne Aussichten auf die umgebende Landschaft und zu den Vulkanen des Nationalparks eröffnet. Der Pfad ist mit einer Reihe von Informationstafeln als Lehrpfad gestaltet.

Eine zweite Möglichkeit für einen Kurztrip in die Vulkanwelt bietet die rund 100 Meter hohe **Caldera Colorada** 5, die knapp zwei Kilometer nordöstlich der Montaña del Cuervo auf der anderen Straßenseite liegt. Der Name „farbiger Krater" nimmt auf die auffällige rotbraune Färbung der Hänge Bezug. Auch hier gibt es einen Weg, der den Berg umrundet, und ähnlich wie bei der Montaña del Cuervo wurde auch dieser

Durch eine Bresche kann man den Krater betreten.

4.2. Lanzarote – Parque Natural de los Volcanes

Rundweg als ein geologischer Lehrpfad gestaltet, an dem Schautafeln Zusammenhänge herstellen und Informationen zu den vulkanischen Phänomenen liefern, die am Weg zu sehen sind (auch auf Deutsch). Die sehr einfache und nicht allzu lange Wanderung ist daher auch für interessierte ältere Kinder eine Empfehlung. Dass man den Kraterrand nicht besteigen darf, ist zwar schade, doch muss man für dieses Verbot Verständnis haben: Die Hänge der Caldera Colorada bestehen aus extrem feinem Vulkankies, eine dauernde Besteigung würde daher erhebliche Erosionsschäden verursachen.

Die Umrundung der Caldera Colorada führt durch eine beeindruckende Landschaft.

> **Wie man hinkommt**
>
> *Die beiden Vulkane befinden sich an der LZ-56 südlich von Mancha Blanca in der Nähe der Gemeindegrenze zwischen Tinacho und Tias. Es gibt jeweils einen unbeschilderten, aber deutlich erkennbaren Parkplatz, an dem die Rundwege beginnen. Keine Busverbindung.*
>
> *Montaña del Cuervo: Vom Parkplatz zum Kratereingang 1,3 km, komplette Umrundung 4,2 km. Caldera Colorada: Rundweg 2,9 km.*
>
> *GPS-Wegpunkt 57 (Parkpl. Mt. del Cuervo): 28,99651 -13,68460*
> *GPS-Wegpunkt 58 (Krater Mt. del Cuervo): 28,99273 -13,69162*
> *GPS-Wegpunkt 59 (Parkpl. Cald. Colorada): 29,00473 -13,68391*
>
> *Bitte beachten Sie, dass das Verlassen der deutlich erkennbaren Hauptwege verboten ist, insbesondere dürfen die Hänge der Vulkane nicht bestiegen werden!*

La Geria

Wenn man aus Richtung Norden von Mancha Blanca kommend den Parque Natural durchquert, trifft man auf die quer verlaufende LZ-30. Sie führt durch eine weitere einzigartige Landschaft: Die von schwarzem Vulkansand bedeckte Gegend ist von zahllosen trichterförmigen Vertiefungen durchsetzt, eine neben der anderen, jede einzelne durch eine winzige, kunstvoll angelegte Mauer begrenzt. Am Grund jedes Trichters wächst eine frischgrüne Pflanze, die sich mit langen Trieben hinaufschlängelt. Es sind Weinreben; das Tal von La Geria ist eines der außergewöhnlichsten Weinanbaugebiete der Welt.

Während der Vulkanausbrüche der 1730er-Jahre (> Seite 122) wurden große Flächen von feinkörnigem vulkanischem Kies bedeckt. Diese Körner, *Lapilli* genannt, entstanden, als während der Ausbrüche feine Lavapartikel ausgestoßen und vom Wind über große Flächen verteilt wurden. Zunächst war das eine Katastrophe, weil der althergebrachte Getreideanbau nicht mehr möglich war. Da die Schicht der Lapilli zu dick war, um sie vollständig wegschaffen zu können, begannen die Bauern bereits kurz danach, ihre Pflanzen in diese Schicht hineinzusetzen – und entdeckten so, dass die Lapilli eine Eigenschaft haben, die im trockenen Klima dieser Insel sehr nützlich ist: Sie nehmen die nächtliche Feuchtigkeit der Luft auf und geben sie an den Boden ab, tagsüber halten sie ihn kühl und verringern die Austrocknung. Mit der Zeit und vielen Experimenten hat sich daraus eine besondere und sehr arbeitsaufwendige Methode des Weinanbaus entwickelt, der *Enarenado*

La Geria ist ein außergewöhnliches Landschaftskunstwerk!

4.3. Lanzarote – La Geria

natural. Bei dieser Variante des Trockenfeldanbaus gräbt man sich durch die Lapillischicht hindurch bis auf den fruchtbaren Boden, so dass ein kleiner Trichter für jeweils eine Pflanze entsteht. Meistens ist noch eine niedrige Trockenmauer, ein *Zoco*, um den Trichter herumgebaut, die den Wind abhält. Traditionell sind die Zocos halbkreisförmig; heute werden sie auch oft in einem Raster angelegt, um den immensen Arbeitsaufwand zu reduzieren.

Die endlose Folge dieser Trichter, die sich kilometerweit die Landschaft entlang und ein Stück die Hänge der angrenzenden Vulkane hinaufziehen, hin und wieder unterbrochen von den strahlend weißen kubischen Gebäuden der Bodegas, ist ein wunderschöner und ganz und gar außergewöhnlicher Anblick! 1964 fand diese einzigartige Kulturlandschaft sogar einen Platz in der Ausstellung „Architecture without Architects" am New Yorker Museum of Modern Art. Nebenbei sind die hier produzierten Weine von sehr hoher Qualität – und in den Su-

Die Zocos schützen vor dem Wind.

In jedem Trichter steht nur eine Pflanze.

permärkten der Insel oder direkt bei den Bodegas erstaunlich preisgünstig, wenn man den erheblichen Aufwand dieser Anbaumethode berücksichtigt. Die traditionell vorherrschende Rebsorte ist die weiße Malvasía-Traube, die eher süße und recht schwere Weine ergibt, aber auch andere Sorten wie Moscatel oder Listán Negro werden kultiviert. Der Schwerpunkt liegt bei Weißweinen, die roten Sorten haben einen geringeren Anteil.

Entlang der Straße von Uga nach Masdache liegen die großen Bodegas der Insel. Die meisten sind mit Verkaufsräumen mit Verkostungsmöglichkeiten ausgestattet, in der Regel gibt es auch ein Restaurant. Die beste Aussicht auf die Landschaft hat man von der Terrasse der **Bodega La Geria** 6 aus, in der direkt gegenüber gelegenen **Bodega Rubicón** kann man einige museal hergerichtete Räumlichkeiten inklusive des Fasskellers besichtigen. Die ein paar Kilometer weiter nördlich, zwischen den Dörfern Masdache und La Florida, gelegene Traditionsbodega **El Grifo** hat ihre historischen Produktionsräume als Museum hergerichtet. Außer einigen effektvoll beleuchteten alten Gerätschaften ohne zusätzliche Erläuterungen gibt es jedoch nicht viel zu sehen, daher lohnt sich der Umweg nicht wirklich.

Bei El Grifo kann man die alten Produktionsräume besichtigen.

Das Kerngebiet mit den Bodegas La Geria und Rubicón erstreckt sich zwischen der Einmündung der LZ-56 in die LZ-30 und der Ortschaft Uga. www.lageria.com, www.bodegasrubicon.com

GPS-Wegpunkt 60 (Bod. La Geria): 28,96901 -13,71448

Museo del Vino El Grifo: Zwischen Masdache und La Florida. Tägl. 10:30-18:00 Uhr, Eintritt mit Verkostung eines Weines 4,00 €, Verkostung von sechs Weinen 10,00 €. www.elgrifo.com

GPS-Wegpunkt 61 (El Grifo): 29,00184 -13,64519

4.4. Lanzarote – Von El Golfo nach Janubio

Von El Golfo nach Janubio

Westlich von Yaiza verläuft die kleine Straße LZ-703 rund vier Kilometer direkt an der Küste entlang und durchquert dabei ein Gebiet, das bei den Eruptionen des 18. Jahrhunderts (➤ Seite 122) komplett von Lava überströmt wurde. Heute ist es eine der eindrucksvollsten Landschaften Lanzarotes: Nichts als aufgeworfenes dunkelbraunes Gestein, das an mit einem gigantischen Spaten umgegrabene Erde erinnert – ein Bild wie aus den Anfangstagen der Erde, lange bevor das Leben diesen Planeten eroberte!

Auf diesen wenigen Kilometern konzentrieren sich gleich vier Sehenswürdigkeiten, so dass man diesen Abschnitt sicherlich als die schönste Küstenstraße der ganzen Insel bezeichnen darf! Von Yaiza aus führt die Straße zunächst Richtung Westen und trifft bei **El Golfo** auf die Küste. Das kleine Fischerdorf, das vollständig eigentlich *Las Casas de El Golfo* heißt, ist eine charmant verschlafene Ansammlung einfacher, kleiner Häuser, die heute überwiegend als Zweitwohnsitze genutzt werden. Auch wenn die Bewohner also nicht mehr so ganz der Fischerdorf-Romantik entsprechen, hat die überwiegend vermögende Klientel doch immerhin dafür gesorgt, dass es hier einige der besten Fischrestaurants der ganzen Insel gibt! Die meisten haben sogar Meerblick, da sich das Dorf als schmaler Streifen die Küste entlangzieht.

Die eigentliche Attraktion El Golfos befindet sich am südlichen Ortseingang, wo ein großer Parkplatz darauf hindeutet, dass es hier etwas Besonderes zu sehen gibt. Der Weg bringt zunächst jedoch nur einen zwar ganz netten, aber nicht wirklich beeindruckenden schwarzsandi-

Die Lagune wird erst von einer Anhöhe aus sichtbar.

gen Strand ins Blickfeld, die Playa de los Ciclos. Erst wenn man eine Anhöhe bestiegen hat, öffnet sich der Blick auf die **Lagune von El Golfo** 7 : Hinter dem Strand hat sich ein grünlich schimmernder See gebildet, der sich aus Regenwasser und einsickerndem Meerwasser zusammensetzt. Die Lagune ist eine der bekanntesten Natursehenswürdigkeiten Lanzarotes, dementsprechend groß ist der Andrang während des Tages. Früher gab es noch einen weiteren Zugang von der Südseite, der zuletzt aber gesperrt war.

Von El Golfo aus verläuft die Straße an der Küste entlang. Den nächsten Stopp lohnt die **Playa de Montaña Bermeja** 8 , die sich am Fuß des gleichnamigen rotbraunen Hügels befindet. Dieser Strand beeindruckt durch seinen fast schwarzen Sand, und auch hier gibt es eine kleine Brackwasserlagune. Wie an der Playa de los Ciclos ist die Brandung auch hier meistens zu stark zum Baden. Es lohnt sich aber, auf einem undeutlichen Pfad einen kleinen Abstecher nach rechts zu machen: Auf der Nordseite grenzen schwarze Felsformationen an den Strand an. Einige ragen als spitze, scharfe Zacken aus der Brandung, dazwischen gibt es verschwiegene Zugänge zum Wasser.

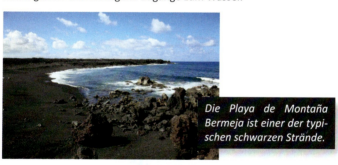

Die Playa de Montaña Bermeja ist einer der typischen schwarzen Strände.

Nördlich des Strandes gibt es versteckte Felsbuchten.

4.4. Lanzarote – Von El Golfo nach Janubio

Zwei Kilometer weiter südlich deutet wiederum ein großer Parkplatz auf eine viel besuchte Sehenswürdigkeit hin: **Los Hervideros** 9 heißt der Ort. Hier hat die Lava direkt an der Küste ein Netz aus halboffenen Tunneln und Grotten geschaffen, in denen das Wasser mächtig rumort und braust. Über einige Wege und Treppen kann man ein Stück hinuntergehen und in die Höllentöpfe hineinschauen. Bei ruhiger See ist es nicht wirklich beeindruckend; bei starker Brandung kann es dagegen passieren, dass eindrucksvolle Gischtfontänen meterhoch in die Luft schießen!

Schließlich trifft die Straße auf die **Salinas de Janubio** 10. Diese größte Salinenanlage Lanzarotes liegt in einer Bucht, die bei den Eruptionen des 18. Jahrhunderts durch einen Landstreifen vom Meer abgetrennt wurde. Auf dem Landstreifen erstreckt sich die raue, dunkelsandige Playa de Janubio. Die Saline ist seit 1895 in Betrieb und produzierte in ihren besten Zeiten bis zu 10.000 Tonnen Salz pro Jahr, das damals vor allem zur Konservierung der vor der Küste gefangenen Fische verwendet wurde, heute wird sie noch in kleinerem Umfang bewirtschaftet. Den besten Blick auf das ausgedehnte Geflecht der durch niedrige Dämme abgeteilten Becken hat man vom Aussichtspunkt beim Restaurante Mirador Salinas. Dabei sieht man auch die Reste der Windmühlen, mit denen früher das Salzwasser in die Becken gepumpt wurde. Die Betriebszufahrt auf der gegenüberliegenden Seite führt hinunter zur Verkaufsstelle „Bodega de la Sal", in der man preisgünstiges Standard-Salz und das edle Flor de Sal kaufen kann: Dieses Salz bildet sich an der Oberfläche der sich verdichtenden Salzlösung und wird in einem aufwendigen Arbeitsverfahren von Hand abgeschöpft.

Die Salinas de Janubio sind noch immer in Betrieb.

4.4. Lanzarote – Von El Golfo nach Janubio

> **Lagune von El Golfo:** Parkplatz am Ortseingang von El Golfo, von dort 200 m zu Fuß.
>
> GPS-Wegpunkt 62: 28,97980 -13,82919
>
> **Playa de Montaña Bermeja:** Parkplatz direkt an der Straße, der Strand ist von hier aus sichtbar.
>
> GPS-Wegpunkt 63: 28,96035 -13,83011
>
> **Los Hervideros:** 4,4 km südl. von El Golfo, großer Parkplatz. Derzeit frei zugänglich, möglicherweise wird in Zukunft Eintritt erhoben.
>
> GPS-Wegpunkt 64: 28,95458 -13,83295
>
> **Salinas de Janubio:** Aussichtspunkt am Restaurante Mirador, Zufahrt zur Verkaufsstelle am landseitigen Ende. www.salinasdejanubio.com
>
> GPS-Wegpunkt 65: 28,93967 -13,81955

Wie man hinkommt

Tipp: **Kombi-Urlaub**

Ein Tagesausflug nach Lanzarote ist etwas Tolles – aber warum nicht gleich den Urlaub auf beide Inseln verteilen? Mit einer Pauschalbuchung geht das nicht, aber Flüge lassen sich bei der jeweiligen Fluggesellschaft ohne Mehrkosten separat buchen, Sie können also nach Fuerteventura fliegen, zwischendurch nach Lanzarote wechseln und von dort zurückfliegen (oder umgekehrt). Die Unterkünfte bekommen Sie über ein Buchungsportal wie z.B. *www.booking.com*. Wenn Sie Ihr Auto bei Cicar mieten *(www.cicar.com)*, können Sie es am Flughafen abholen und am Fährhafen zurückgeben; Cicar ist der einzige Autovermieter mit Stationen an den Fährhäfen Corralejo und Playa Blanca.

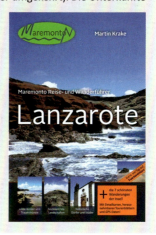

Ausführlichere Informationen über Lanzarote finden Sie im **Maremonto Reise- und Wanderführer: Lanzarote** *(erscheint 2018).*

Die Wanderungen und MTB-Touren

Bei der Auswahl der acht schönsten Wanderungen und der vier besten Mountainbike-Touren auf Fuerteventura waren ein hoher Erlebniswert und eine große Vielfalt die wichtigsten Kriterien. Die MTB-Touren bewegen sich im relativ flachen Norden der Insel, wo man die kaum besiedelte Westküste mit ihren abgelegenen Stränden gut auf Pisten erkunden kann. Die Wanderungen konzentrieren sich dagegen auf das Bergland um Betancuria sowie die Halbinsel Jandía, wo Fußpfade zu aussichtsreichen Berggipfeln und spektakulären Küstenlandschaften führen.

Bitte beachten Sie die Tourenblätter in der hinteren Umschlagklappe!

Wanderung 1:	**Rund um die Isla de Lobos** *Technik* • • • • • *Kondition* • • • • • 🟢	137
MTB-Tour 1:	**Nordküstenrundfahrt** *Technik* • • • • • *Kondition* • • • • •	141
MTB-Tour 2:	**Von Lajares über La Oliva nach El Cotillo** *Technik* • • • • • *Kondition* • • • • •	147
MTB-Tour 3:	**Von Tindaya nach El Puertito de los Molinos** *Technik* • • • • • *Kondition* • • • • •	153
MTB-Tour 4:	**Von Tindaya zur Playa de Jarugo** *Technik* • • • • • *Kondition* • • • • •	158
Wanderung 2:	**Von Vega de Río Palmas zur Ermita de la Peña** *Technik* • • • • • *Kondition* • • • • • ⚪	161
Wanderung 3:	**Kammwanderung über Vega de Río Palmas** *Technik* • • • • • *Kondition* • • • • • 🟢	164
Wanderung 4:	**Von Tiscamanita auf die Gran Montaña** *Technik* • • • • • *Kondition* • • • • • ⚪	168
Wanderung 5:	**Über den Istmo de la Pared** *Technik* • • • • • *Kondition* • • • • • 🟢	171
Wanderung 6:	**Auf den Pico de la Zarza** *Technik* • • • • • *Kondition* • • • • • ⚪	175
Wanderung 7:	**Über die Degollada de Cofete** *Technik* • • • • • *Kondition* • • • • • 🟢	179

Mit öffentlichen Verkehrsmitteln

🟢 = *gut erreichbar*   ⚪ = *eingeschränkt erreichbar*   ⛔ = *nicht erreichbar*

Tourendetails und Bewertungssystem

Der Anspruch der Wanderungen und MTB-Touren ist mit einem differenzierten Bewertungssystem dargestellt, das die Anforderungen an Kondition und Technik unabhängig voneinander in jeweils fünf Stufen bewertet.

Die Bewertung des **Anspruches an die Kondition** berücksichtigt Gehzeit, Wegstrecke und Höhenunterschied. Mit 1 sind sehr einfache Kurzwanderungen ohne wesentlichen Höhenunterschied bewertet, die für absolut jeden machbar sind. Touren der Stufe 3 sind mittelschwere Halbtageswanderungen, für die ein durchschnittliches Maß an Sportlichkeit ausreicht. Stufe 5 bezeichnet sehr anspruchsvolle Ganztagestouren, die ein hohes Maß an Fitness und Kondition voraussetzen und auch für sportliche Menschen fordernd sind.

Die Zahlen zu **Weglänge, Höhenmeter in Auf- und Abstieg sowie Geh- bzw. Fahrzeit** geben detaillierten Aufschluss. Die Gehzeit versteht sich grundsätzlich ohne Pausen! Bitte beachten Sie, dass sich die Gehzeiten individuell sehr stark unterscheiden können, insbesondere bei Strecken mit großen Höhendifferenzen.

Der **Anspruch an die Technik** bewertet unabhängig davon den Schwierigkeitsgrad der Wegstrecke: Hier fließen Faktoren wie rutschige Oberflächen, komplizierte Abstiegspassagen, Kletterstellen oder Wegstrecken, die Höhenangst hervorrufen können, in die Bewertung mit ein. Mit 1 sind hier sehr einfache Wege bewertet, die auch mit leichtem Schuhwerk begangen werden können, vergleichbar mit Parkwegen. Touren der Stufe 2 sind etwas anspruchsvoller, aber immer noch für fast jeden machbar. Wanderungen der Stufe 3 erfordern ein gewisses Maß an Geländeerfahrung; ab dieser Stufe sollten Sie Wanderschuhe tragen, da hier die Strecken uneben und steil sein können. Bei Stufe 4 sind sehr steile, geröllige oder rutschige Passagen, stark ausgesetzte Wege sowie leichte Kletterstellen möglich. Stufe 5 ist das Maximum, das man noch ohne spezielle Sicherungsausrüstung verantworten kann. Für die **MTB-Touren** gilt dies in etwa analog: Unerfahrene Biker sollten sich maximal an Touren der Stufe 3 wagen. Der Absatz **Anforderungen** erklärt ausführlicher den Wegzustand und die spezifischen Schwierigkeiten der Strecke. Wenn spezielle Ausrüstung nötig sein sollte, wird hier darauf hingewiesen.

Bitte beachten Sie, dass Bewertungen und Zeitangaben nur als Anhaltspunkte zu verstehen sind und Ihr persönliches Verantwortungsgefühl auf keinen Fall ersetzen können! Gehen Sie mit hohen Werten beurteilte Touren nur, wenn Sie bereits Erfahrung mit ähnlich anspruchsvollen Wanderungen haben und sich dabei sicher fühlen! Autor und Verlag übernehmen keine Haftung für Unfälle, die durch eine Fehleinschätzung aufgrund der Bewertungen entstehen.

Wanderung 1:

Rund um die Isla de Lobos

Die zwischen Fuerteventura und Lanzarote gelegene Isla de Lobos (➤ Seite 32) ist von Corralejo aus mit einem Tagesausflug leicht zu erreichen. Auf einem zehn Kilometer langen Weg kann man die Insel mit einer bequemen Wanderung umrunden und hat anschließend noch die Möglichkeit, am Strand etwas Zeit zu verbummeln. Diese Tour ist sowohl als Wanderung als auch als MTB-Tour geeignet, denn die Boote nehmen auch Fahrräder mit.

Es bietet sich an, die Inselumrundung entgegen dem Uhrzeigersinn zu unternehmen. Vom Schiffsanleger geht es dabei zunächst nach Osten zur nahegelegenen Siedlung El Puertito, dann weiter zu den Salzwiesen Las Lagunitas. Hier sollten Biker eine kleine Umleitung fahren, um einen Treppenweg zu umgehen; die beiden Wege treffen bald darauf wieder zusammen. Am Leuchtturm Faro de Martiño ist das äußerste nordöstliche Ende der Insel erreicht. Die Terrasse des Leuchtturms ist ein schöner Aussichtspunkt, von dem aus auch die typischen Minivulkane, die Hornitos, ins Auge fallen. An der Westküste geht es wieder Richtung Süden, ein Abstecher führt zum 127 Meter hohen Gipfel der

Ein sandiger Weg umrundet die kleine Insel.

Wanderung 1: Rund um die Isla de Lobos

Montaña La Caldera hinauf. Von hier aus wird deutlich, dass der Berg der Rest eines sehr alten Vulkankraters ist, der zum größten Teil bereits von der Brandung zerstört wurde. Auf dem letzten Stück zum Strand kann man noch einen kleinen Abstecher zu den ehemaligen Salinen machen, die bis in die Fünfzigerjahre hinein in Betrieb waren. Die Verdunstungsbecken sind mit niedrigen, sorgfältig angelegten Mäuerchen voneinander abgeteilt. Allzu viel gibt es dort allerdings nicht zu sehen, so dass es sich anbietet, gleich zum Strand, der Playa de la Concha, weiterzugehen, wo man die restliche Zeit bis zur Abfahrt des Schiffes verbringen kann.

Eckdaten

Anspruch Technik:	● ○ ○ ○ ○	*leicht*
Anspruch Kondition:	● ○ ○ ○ ○	*leicht*
Länge:	*10,5 km*	
Höhenunterschied:	*Auf- und Abstieg jeweils 170 m*	
Gehzeit:	*2:30-3:00 Stunden (ohne Pausen)*	

Anforderungen: *Einfache Wanderung auf flachen, sandigen Wegen, nur im Anstieg zur Montaña La Caldera etwas steil.*

Orientierung: *Problemlos, der Weg ist durchgehend gut beschildert.*

Anfahrt: *Mit dem Schiff ab Corralejo, Details S. 35*

Die Montaña La Caldera ist der höchste Punkt der Insel.

Wanderung 1: Rund um die Isla de Lobos

Wegbeschreibung

Wir gehen/fahren vom Schiffsanleger (w01-01) zum Besucherzentrum und gleich danach rechts Richtung El Puertito (links geht es zum Strand). Die kleine Siedlung ist nach 500 m erreicht (w01-02). Wir durchqueren sie und erreichen 200 m danach eine Gabelung (w01-03): Wanderer gehen hier rechts auf den Küstenweg Richtung Las Lagunitas, Radfahrer halten sich links Richtung Faro Martiño, um einen kurz darauf folgenden Treppenabschnitt zu umfahren. Die beiden Wege treffen nach rund 700 m bei den Salzwiesen Las Lagunitas (w01-04) wieder aufeinander; hier weiter nach Norden Richtung Faro de Martiño. Nach den Lagunitas führt der Weg mit einer Spitzkehre kurz bergauf. Gleich danach zweigt ein unbeschilderter gepflasterter Weg nach rechts ab (w01-05), der jedoch nach rund 150 m endet; wir bleiben hier auf dem geradeaus verlaufenden sandigen Weg, der uns in weiteren 2 km zum Leuchtturm Faro de Martiño führt (w01-06). Von dort 230 m zurück bis zu einer Gabelung (w01-07) und dort rechts Richtung Montaña La Caldera/El Muelle. 1,9 km

Die Lagunitas werden regelmäßig von Salzwasser überspült.

MTB-Tipp

Diese Wanderung eignet sich auch sehr gut als MTB-Tour! Das Radfahren auf den Wegen der Insel ist erlaubt, die Boote nehmen Fahrräder gegen einen geringen Aufpreis mit. Die Wege sind etwas sandig, im Wesentlichen aber so leicht zu befahren, dass man sogar mit einem Straßenrad einigermaßen durchkommt (ein Mountainbike ist natürlich besser).

Wanderung 1: Rund um die Isla de Lobos

nach dem Leuchtturm erreichen wir eine Abzweigung (w01-08), die in 900 m zum Gipfel der Montaña La Caldera führt (w01-09). Zurück auf dem Hauptweg nach rechts; nach 900 m, kurz vor dem Strand, kann man einen weiteren Abstecher zur 400 m entfernten Saline machen (w01-10). Vom Strand (w01-11) geht es in 700 m zurück zum Schiffsanleger (Muelle), dazwischen zweigt ein Verbindungsweg nach El Puertito ab.

GPS		
w01-01:	28,73665	-13,82260
w01-02:	28,73808	-13,81805
w01-03:	28,73927	-13,81737
w01-04:	28,74375	-13,81633
w01-05:	28,74833	-13,81598
w01-06:	28,76487	-13,81500
w01-07:	28,76348	-13,81632
w01-08:	28,75043	-13,82282
w01-09:	28,75193	-13,83025
w01-10:	28,74408	-13,82990
w01-11:	28,74257	-13,82523

MTB-Tour 1:

Nordküstenrundfahrt

Die große Nordküstenrunde vom Corralejo über Lajares und El Cotillo ist ein Klassiker unter den MTB-Touren Fuerteventuras. Mit gutem Grund: Die Fahrt ist überaus abwechslungsreich und bieten verschiedenste Eindrücke, von den Vulkanen Bayuyo und Calderón Hondo (> Seite 41) über das Küstenörtchen El Cotillo (> Seite 36) und die Strände um den Faro del Toston bis zu einer Pistenfahrt, die 20 Kilometer an der Nordwestküste entlangführt. Da es kaum Steigungen gibt und nur einfache Pisten befahren werden, ist die Tour auch für Anfänger geeignet.

Nach dem Start in Corralejo führt uns eine Piste zunächst durch das Malpais de Bayuyo. Immer wieder weisen Informationstafeln auf Besonderheiten am Weg hin: So kann man einen Blick in den Krater des Bayuyo werfen, kurz danach gibt es eine kleine vulkanische Höhle zu besichtigen. Der vorläufige Höhepunkt ist der Blick in den eindrucksvollen Krater des Calderón Hondo. Dann ist Lajares erreicht, für einige Kilometer geht es nun auf Asphalt bis nach El Cotillo; die stark befahrene Hauptstraße wird dabei

Die Fahrt führt an den Lagunenstränden von El Cotillo vorbei.

MTB-Tour 1: Nordküstenrundfahrt

gemieden, wir fahren auf Nebenstraßen und einem Radweg. In El Cotillo bietet sich die Möglichkeit zum Mittagessen oder zu einem Kaffee und zur Entspannung an einem der Strände, die den Ort umgeben. Die großartigen Lagunenstrände nördlich des Ortes sowie östlich des Faro del Toston liegen ohnehin am Weg. Allzu viel Zeit sollten wir uns jedoch nicht lassen, denn es wartet noch eine längere Pistenfahrt von fast 20 Kilometern bis nach Corralejo, die an den nicht mehr ganz so schönen Stränden Caleta Beatriz und Playa El Hierro vorbei und durch die Siedlung Majanicho führt.

Eckdaten

Anspruch Technik:	• • • • •	*leicht*
Anspruch Kondition:	• • • • •	*mittel*
Länge:	46,3 km	
Höhenunterschied:	Auf- und Abstieg jeweils 310 m	
Fahrzeit:	3:50-5:00 Stunden (ohne Pausen)	

Anforderungen: *Eine ziemlich lange, technisch aber einfache Tour.*

Profil: *29,7 km/63,9 % einfache Pisten, 15,2 km/32,6 % Nebenstraßen und asphaltierte Radwege, 1,6 km/3,5 % Abstecher zu Fuß.*

Orientierung: *Nur beim Beginn in Corralejo etwas schwierig, sonst unkompliziert.*

Ausgangspunkt: *Corralejo, alternativ Lajares oder El Cotillo.*

Variationsmöglichkeiten: *Diese Tour kann zwischen Lajares und El Cotillo mit Tour 2 kombiniert werden.*

MTB-Tour 1: Nordküstenrundfahrt

Wegbeschreibung

Die Tour beginnt an der Grundschule Antoñito es Farero an der am äußersten westlichen Ortsrand von **Corralejo** verlaufenden Straße, ein wenig außerhalb des bebauten Gebiets (m01-01). Wir fahren die Straße neben dem mit „C.E.I.P. Antoñito es Farero" beschrifteten Gebäude hinauf, folgen ihr ein kleines Stück nach links und zweigen dann gleich auf eine Schotterpiste ab, die nach rechts in Richtung eines Vulkans führt. Vorne sind mehrere flache Gebäude zu erkennen, eines davon, mit weißer Fassade und von einem grünen Zaun umgeben, steht hinten etwas erhöht am Hang, direkt davor verläuft eine Stromleitung. Wir halten darauf zu

Der erste Abschnitt durchquert das Malpaís de Bayuyo.

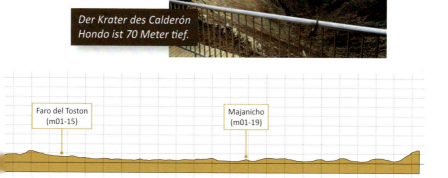

Der Krater des Calderón Hondo ist 70 Meter tief.

Faro del Toston (m01-15)

Majanicho (m01-19)

und folgen dem dunkelroten Hinweisschild Richtung Lajares und La Oliva auf eine Piste, die direkt an dem weißen Gebäude vorbeiführt (m01-02). Nun ist der Weg längere Zeit eindeutig: Die breite Piste ist von nun an als Teil des GR 131 mit weiß-roten Markierungen versehen.

Wir kommen am Krater des Bayuyo vorbei, der an der Nordostseite eine Öffnung hat (m01-03). Kurz darauf folgt eine Höhle, die deutlich sichtbar ein kleines Stück neben dem Weg liegt (m01-04). 2 km nach der Höhle zweigt bei einem aufrecht stehenden Felsblock ein gepflasterter Weg nach rechts ab (m01-05, Wegweiser „Lajares 3,2 km"). Hier beginnt der kurze Abstecher zum Krater des Calderón Hondo; ungeübte Fahrer sollten die Räder hier stehen lassen, der Pflasterweg ist schwierig zu befahren. Kurz nach der Abzweigung kann man auf einem Pfad nach rechts abkürzen, der Aussichtspunkt am Kraterrand ist nach 600 m erreicht (m01-06). Am Fuß des Vulkans befinden sich einige restaurierte Hirtenunterkünfte.

Zurück bis zur Abzweigung des Pflasterwegs (m01-05) und auf der Piste nach rechts (Wegweiser „Lajares 6 km, La Oliva 17,8 km"). Bei der Gabelung nach 1,2 km (m01-07) folgen wir den weiß-rot markierten Pfosten nach rechts. 700 m danach nochmals rechts auf eine etwas schmalere Piste („Lajares 3,8 km", m01-08). Die Piste führt zwischen einigen Häusern hindurch und geht in ein asphaltiertes Sträßchen über. Bei einer Gabelung folgen wir der Beschilderung „Lajares 1,6 km" nach rechts (m01-09). Wir stoßen auf die Straße von Lajares nach Majanicho (m01-10) und folgen ihr nach links ins Zentrum von **Lajares** und dann auf der Hauptstraße nach

MTB-Tour 1: Nordküstenrundfahrt

rechts (die Straße nach Majanicho bietet die Möglichkeit, die Tour zu verkürzen). Am nächsten Kreisverkehr halbrechts in die Calle las Cercas (m01-11, die Hauptstraße verläuft halblinks, links geht es nach La Oliva); wir gelangen so auf eine Nebenstraße, die parallel zur Hauptstraße Richtung El Cotillo verläuft. 2,7 km weiter beginnt bei der Ruine der Casa de la Costilla ein parallel zur Hauptstraße verlaufender Radweg (m01-12).

MTB-Tour 1: Nordküstenrundfahrt

An dessen Ende in El Roque (m01-13) wechseln wir auf die geradeaus führende Hauptstraße und fahren nach **El Cotillo** hinein. Dort am ummauerten Sportgelände vorbei und dahinter rechts Richtung Faro del Toston (m01-14), dann auf der Asphaltstraße zum Leuchtturm (m01-15). Gut 500 m davor zweigt rechts die Piste nach Corralejo ab, die gleich darauf an einigen Lagunenstränden vorbeiführt (m01-16). Wir folgen jetzt der Piste lange geradeaus, vorbei an den Stränden Caleta Beatriz (m01-17) und Playa El Hierro (m01-18) und den wenigen Häusern der Siedlung Majanicho (m01-19). 8,5 km nach Majanicho ist die zum Hafen führende Avenida Juan Carlos I. am westlichen Ortsrand von **Corralejo** erreicht (m01-20). Zum Ausgangspunkt 1,1 km nach rechts.

Die Lagunen am Faro del Toston sind ein letzter Höhepunkt.

GPS					
	m01-01:	28,73222	-13,87397	m01-11:	28,67923 -13,94143
	m01-02:	28,72820	-13,88283	m01-12:	28,68957 -13,96477
	m01-03:	28,71687	-13,89658	m01-13:	28,68398 -13,99117
	m01-04:	28,71422	-13,90312	m01-14:	28,68237 -14,00895
	m01-05:	28,70318	-13,91477	m01-15:	28,71545 -14,01392
	m01-06:	28,70175	-13,91923	m01-16:	28,71063 -14,00775
	m01-07:	28,70210	-13,90448	m01-17:	28,72780 -13,97970
	m01-08:	28,69610	-13,90365	m01-18:	28,73763 -13,95303
	m01-09:	28,68400	-13,92625	m01-19:	28,73942 -13,93988
	m01-10:	28,68455	-13,93145	m01-20:	28,74137 -13,87092

MTB-Tour 2:

Von Lajares über La Oliva nach El Cotillo

Diese Rundfahrt erkundet die südlich der Achse Lajares-El Cotillo gelegene Gegend und ist damit eine schöne Ergänzung zur Nordküstenrundfahrt. Sie ist zwar kürzer diese, durch den größeren Höhenunterschied und einige kompliziertere Wegabschnitte aber dennoch anspruchsvoller. Neben den Stränden südlich von El Cotillo berührt die Fahrtroute eine Reihe „inländischer" Sehenswürdigkeiten wie die Vulkanlandschaft um die Montaña de la Arena, den historischen Ortskern von La Oliva (➤ Seite 45) und die wüstenhafte Gegend südlich von Lajares.

Es wird empfohlen, in Lajares zu starten, denn dann bringt man den schwierigsten Abschnitt gleich am Anfang hinter sich. In La Oliva ist dann eine erste Pause verdient, ehe es weitaus entspannter über unschwierige Pisten vorbei an der Montaña Tindaya (➤ Seite 52) hinunter zur Küste geht. Dort wartet endlich ein erster Strand, die abgelegene Playa del Esquinzo. Weiter geht es an der Steilküste entlang zu den Stränden südlich von El Cotillo (➤ Seite 36), ehe ganz zum Schluss noch eine Runde durch die afrikanisch anmutende Landschaft zwischen El Cotillo und Lajares wartet.

Abgelegen und wild: die Playa del Esquinzo.

MTB-Tour 2: Von Lajares über La Oliva nach El Cotillo

Eckdaten

Anspruch Technik:	● ● ● ● ● mittel
Anspruch Kondition:	● ● ● ● ● mittel
Länge:	38,8 km
Höhenunterschied:	Auf- und Abstieg jeweils 470 m
Fahrzeit:	3:30-4:40 Stunden (ohne Pausen)

Anforderungen: Überwiegend gut befahrbare Pisten, wenige kurze Abschnitte auf Straßen. Zwischen Lajares und La Oliva (m02-04 bis m02-05) 1,7 km auf steilem, steinigem Pfad – für Ungeübte Schiebestrecke. Zwischen El Cotillo und Lajares auf rund 1,7 km mühsam durch tiefen Sand (m02-20 bis m02-22).

Profil: Straße 6,8 km/18 %, leichte Piste 24,2 km/62 %, schwierige Piste 6,1 km/16 %, Schiebestrecke 1,7 km/4 %

Orientierung: Weitgehend problemlos; von Lajares bis Tindaya sehr gut markiert, danach bis El Cotillo kaum zu verfehlen. Zwischen El Cotillo und Lajares etwas komplizierter, mit etwas Aufmerksamkeit kann man sich aber auch hier kaum verfahren.

Ausgangspunkt: Lajares, alternativ El Cotillo oder La Oliva. Beim Start in La Oliva hat man das schwierigste Stück ganz am Ende!

Variationsmöglichkeiten: Um den etwas mühsamen Abschnitt zwischen El Cotillo und Lajares zu meiden, kann man an der Windmühle (m02-18) geradeaus fahren und auf dem neben der Straße verlaufenden Radweg nach Lajares zurückkehren.

MTB-Tour 2: Von Lajares über La Oliva nach El Cotillo

In **Lajares** am östlichen Rand des Zentrums beim „Aloe Vera Fabrica Shop" Richtung Süden in die Calle Beatriz (m02-01). An der Gabelung nach gut 100 m links, dann längere Zeit geradeaus. Der Weg ist nun durch die weiß-roten Zeichen des GR 131 markiert. 1,9 km nach dem Start rechts auf eine Straße (m02-02, Wegweiser „Villaverde 5,8 km, La Oliva 7 km"). Die Straße führt an einer kleinen Siedlung vorbei und geht in eine Piste über. 1,3 km nach der letzten Abzweigung biegen wir, den weiß-roten Markierungen folgend, von der Hauptpiste nach links auf eine schmalere Piste ab (m02-03), die eine Kehre der Hauptpiste abschneidet und nach 260 m wieder mit dieser zusammentrifft. Knapp 1 km danach vor einer Mauer rechts und gleich wieder links (m02-04, Wegweiser „La Oliva 5,5 km"). Der Weg wird zu einem schmalen Pfad, der an einer Mauer entlang an der Montaña de la Arena vorbeiführt und langsam steiler wird (für Ungeübte Schiebestrecke). Bei einer Anhöhe mit einem überdachten Rastplatz treffen wir wieder auf eine Piste (m02-05). Wir folgen den roten Markierungen auf der leicht bergab führenden Piste und verlassen sie gut 1 km nach dem Rastplatz auf einen schmaleren Weg nach rechts (m02-06, Wegweiser „La Oliva 2,5 km").

Eine eigenartige Landschaft umgibt die Montaña de la Arena.

Die weiß-roten Markierungen führen uns nach **La Oliva** hinein auf die Hauptstraße, der wir nach rechts bis zur Kirche folgen (m02-07). Dort rechts in die Straße nach Lajares und an der Cilla vorbei. 350 m nach der Kirche gegenüber einer ockerfarbenen Reihenhausanlage nach links (m02-08). Bei einer Tankstelle wird eine größere Straße überquert, direkt danach rechts. Nach weiteren 300 m folgen wir dem Wegweiser „Tindaya 7 km, Tefía 15,5 km" auf eine kleinere Straße nach links. Bei den letzten Häusern von La Oliva endet an einer Gabelung die Asphaltierung; hier folgen wir den weiß-roten Markierungen nach rechts (m02-09).

Von nun an ist der Weg wieder lange Zeit eindeutig: Die Piste führt auf die Montaña Tindaya zu und rechts daran vorbei. Einige hundert Meter vor den ersten Häusern von **Tindaya** treffen wir auf eine Kreuzung (m02-10): Hier folgen wir nicht dem Wegweiser „Tindaya 1,5 km" nach links, sondern der breiten, unbeschilderten Piste nach rechts. Diese führt nach 3,5 km in einen Barranco hinunter (m02-11), verläuft ein Stück auf dessen Grund Richtung Meer und verlässt ihn nach rechts (m02-12). Kurz danach bei einer Gabelung nach links auf einige verfallene Häuser zu, an einer weiteren Gabelung zwischen den Gebäuden noch einmal links (m02-13). Die nun etwas steinige Piste verläuft parallel zum Barranco und erreicht 1,3 km nach den Ruinen die Playa del Esquinzo (m02-14).

Ein oberhalb der Steilküste verlaufender Pfad...

...führt zu den Stränden von El Cotillo.

Bei den Hinweistafeln oberhalb des Strands beginnt ein durch Steinreihen gesäumter Küstenpfad, der uns nach rechts an der Playa del Águila vorbei (m02-15) bis zum südlichen Ende der Playa del Castillo führt (m02-16). Dort mündet der Pfad in die etwas landeinwärts parallel zur Küste verlaufende breite Piste, der wir nach links Richtung **El Cotillo** folgen. Wir fahren jedoch nicht in den Ort hinein, sondern biegen 700 m vor dem Torre del Toston an einer Gabelung nach rechts auf eine breite Piste ab, die auf die Windmühle von El Roque zuführt (m02-17). Kurz vor der Windmühle auf eine weitere breite Piste nach rechts (m02-18, ein Stück weiter steht ein Pfosten mit weiß-gelber Markierung). *Für die einfachere Alternativstrecke fahren Sie hier geradeaus; in El Roque treffen Sie auf den Radweg, der neben der Hauptstraße nach Lajares führt.*

Von nun an folgen wir den weiß-gelben Markierungen eine Weile geradeaus. Die Piste wird schmaler und windet sich zu einer Anhöhe hinauf, an der sich eine Schutzhütte befindet (m02-19); dort folgen wir dem Wegweiser „Hubara 1,0 km, Barranco del Jable 5,0 km" nach links bergab. Nach 700 m treffen wir bei einer Infotafel über Vögel auf eine sehr breite, sandige Piste; hier nach links (m02-20, Wegweiser „Bco. de la Cañada de Melián 4 km"). Nach weiteren 700 m noch einmal links (m02-21, Wegweiser „Bco. de la Cañada de Melián 3 km"). Gut 1 km weiter taucht links ein Gebäude auf, das wie eine große Garage aussieht (m02-22); dort nach rechts auf eine schmalere Piste. Diese mündet nach 1,3 km bei **Lajares** in einen Kreisverkehr (m02-23); dort auf der Straße geradeaus. Bei einem weiteren Kreisverkehr im Ort geradeaus Richtung Corralejo (m02-24), dann auf der Hauptstraße durch das Zentrum von Lajares zum Ausgangspunkt.

m02-01:	28,67858	-13,93622	m02-13:	28,63492	-14,01422
m02-02:	28,66895	-13,92055	m02-14:	28,63507	-14,02637
m02-03:	28,65852	-13,92353	m02-15:	28,64740	-14,02082
m02-04:	28,64738	-13,92157	m02-16:	28,66415	-14,01057
m02-05:	28,63802	-13,92088	m02-17:	28,67553	-14,00520
m02-06:	28,62928	-13,91822	m02-18:	28,67862	-14,00192
m02-07:	28,61135	-13,92820	m02-19:	28,66632	-13,97623
m02-08:	28,61303	-13,93115	m02-20:	28,66160	-13,97165
m02-09:	28,61258	-13,93888	m02-21:	28,66162	-13,96477
m02-10:	28,59870	-13,98643	m02-22:	28,66943	-13,95947
m02-11:	28,62467	-14,00008	m02-23:	28,67670	-13,94918
m02-12:	28,63577	-14,00845	m02-24:	28,67918	-13,94158

MTB-Tour 2: Von Lajares über La Oliva nach El Cotillo

MTB-Tour 3:

Von Tindaya nach El Puertito de los Molinos

Diese recht lange und etwas anstrengendere MTB-Tour führt zunächst von Tindaya nach Tefía, wo das Ecomuseo de La Alcogida (➤ Seite 54) und zwei der typischen Windmühlen Fuerteventuras einen Stopp lohnen. Danach geht es am beeindruckenden Barranco de los Molinos entlang zur winzigen Küstensiedlung El Puertito de los Molinos hinunter (➤ Seite 55). Das „Mühlenhäfchen" gefällt durch seine kuschelige Einfachheit, bietet jedoch nur einen unattraktiven Kiesstrand. Zum Baden hat man ein paar Kilometer weiter bessere Möglichkeiten: Auf Jeepspuren geht es aussichtsreich am oberen Rand der Steilküste entlang zu zwei großartigen Sandstränden, Playa de Jarugo und Playa de Tebeto.

Attraktionen gibt es also reichlich, allerdings wollen sie auch verdient werden: Die Tour hat einerseits einen recht hohen Anteil an Asphaltstrecken und andererseits ziemlich bissige Pisten, die Konzentration und Können verlangen! Ein hübsches kleines Abenteuer für sportliche Fahrer – wer es bequemer will, kann die beiden Strände auch mit der deutlich einfacheren Tour Nummer 4 erreichen.

Die Playa de Tebeto wird von schönen Felsen verziert.

MTB-Tour 3: Von Tindaya nach El Puertito de los Molinos

Eckdaten

Anspruch Technik:	● ● ● ○ ○ mittel
Anspruch Kondition:	● ● ● ○ ○ mittel
Länge:	29,5 km
Höhenunterschied:	Auf- und Abstieg jeweils 350 m
Fahrzeit:	2:40-3:40 Stunden (ohne Pausen)

Anforderungen: Eine nicht allzu lange, aber dennoch fordernde Tour mit großem Höhenunterschied. Zwischen Tindaya und El Puertito de los Molinos längere Abschnitte auf Straßen, dann bis Playa de Tebeto steinige, fahrtechnisch komplizierte Pisten. Zwischen Playa de Jarugo und Playa de Tebeto optional auf einfacher Piste, ab Playa de Tebeto bis Tindaya unkompliziert auf einfacher, leicht ansteigender Piste.

Profil: Straße 11,4 km/39 %, leichte Piste 8,3 km/28 %, schwierige Piste 9,8 km/33 %, Schiebestrecke 0,0 km/0 %

Orientierung: Einigermaßen problemlos. Von Tindaya bis Tefía gut markiert, bis El Pt. de los Molinos unmarkiert, aber kaum zu verfehlen. Ab El Pt. de los Molinos durch zahlreiche Jeepspuren etwas verwirrend, ab Playa de Tebeto wieder unkompliziert.

Ausgangspunkt: Tindaya, alternativ Tefía oder El Pt. de los Molinos.

Variationsmöglichkeiten: MTB-Tour 4 führt zu den selben Stränden und ist eine deutlich kürzere und einfachere Alternative.

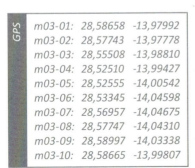

GPS

m03-01:	28,58658	-13,97992
m03-02:	28,57743	-13,97778
m03-03:	28,55508	-13,98810
m03-04:	28,52510	-13,99427
m03-05:	28,52555	-14,00542
m03-06:	28,53345	-14,04598
m03-07:	28,56957	-14,04675
m03-08:	28,57747	-14,04310
m03-09:	28,58997	-14,03338
m03-10:	28,58665	-13,99807

MTB-Tour 3: Von Tindaya nach El Puertito de los Molinos

Wegbeschreibung

In **Tindaya** macht die Hauptstraße gut 100 m westlich der Kirche eine leichte Kurve nach rechts. Wir biegen dort scharf links in eine Nebenstraße ein (m03-01, dunkelroter Wegweiser Richtung Tefía/Montaña Quemada). An allen weiteren Abzweigungen folgen wir den weiß-rot markierten Pfosten und verlassen den Ort auf Nebenstraßen in Richtung Süden. Bei der Einmündung in die FV-10 La Oliva-Tefía verlassen wir die Straße auf eine geradeaus führende Piste, die parallel zur FV-10 Richtung Tefía verläuft (m03-02). Die Piste führt mit weiß-roten Markierungen links an der Montaña Quemada vorbei und trifft nach 2,8 km wieder auf die Hauptstraße (m03-03). Wir folgen der Straße 3 km bis nach **Tefía**, durchqueren den Ort und biegen bei der hölzernen Windmühle rechts in eine Nebenstraße ab (m03-04). Diese durchquert einen kleinen Barranco und geht in eine Piste über. An einer weiteren Windmühle (m03-05) geradeaus auf einen steinigen Weg. Der Weg mündet nach 650 m in die Straße nach El Puertito de los Molinos ein, der wir Richtung Meer folgen. Nach 4,1 km durchquert die Straße einen Barranco; gut 500 m danach verlassen wir sie nach rechts auf einen breiten Weg (m03-04, Schild „Parque Rural de Betancuria"). Dieser Weg führt parallel zur Straße am Rand der Schlucht entlang und trifft dann wieder auf die Straße. Knapp 400 m danach ist **El Puertito de los Molinos** erreicht (m03-05).

Am Barranco de los Molinos entlang geht es zur Küste.

Dort führt eine Piste mit einigen Serpentinen auf die Ebene oberhalb des Ortes. Nach einer Linkskurve 300 m nach dem Ort bei einer Weggabelung an einem Steingebäude links Richtung Meer (m03-06), bei einer weiteren Gabelung nach 150 m rechts. Nun folgen wir längere Zeit einer rauen Piste, die direkt an der Abbruchkante entlangführt. 4,3 km nach El Puertito erreicht die Piste nach einem landeinwärts führenden Schlenker die **Playa de Jarugo** (m03-07, Zugang vom Parkplatz aus). Von dort aus kann man auf der breiten, bequemen Piste weiterfahren oder (etwas anspruchsvoller, aber mit besserer Aussicht) den nahe der Küste verlaufenden Jeepspuren folgen. Die Playa de la Mujer, die nach 1,2 km passiert wird (m03-08), liegt am Fuß eines brüchigen Steilhangs und ist nicht zugänglich. Knapp 3 km nach der Playa de Jarugo ist die **Playa de Tebeto** erreicht (m03-09), die breite Fahrpiste schwenkt hier landeinwärts. Am südlichen Rand der Bucht, ungefähr in der Mitte des Steilhangs, be-

Die Fahrt führt aussichtsreich an der Küste entlang.

Die Playa de Jarugo ist einer der schönsten Strände im Westen.

MTB-Tour 3: Von Tindaya nach El Puertito de los Molinos

findet sich eine Wasserfurche. Dort beginnt ein Pfad, der hinunter in die Schlucht und dort zum Strand führt.

Von der Playa de Tebeto folgen wir der breiten Fahrpiste, die direkt landeinwärts führt und nach 3,6 km **Tindaya** erreicht. Kurz vor den ersten Häusern stößt die Piste auf eine Asphaltstraße (m03-10). Wir folgen ihr nach links in den Ort hinein, bis die Straße sich vor einem Grundstück mit einem bronzefarbenen Tor teilt. Dort rechts und gleich wieder links zum Ausgangspunkt.

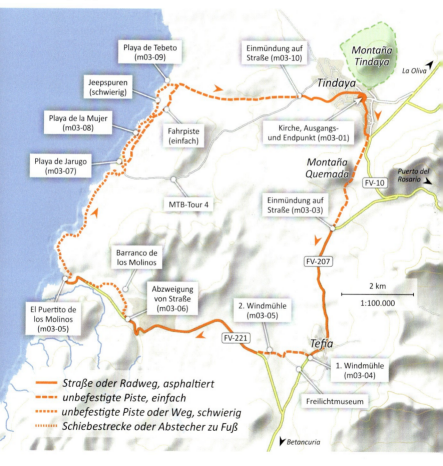

MTB-Tour 4:

Von Tindaya zur Playa de Jarugo

Die westlich von Tindaya gelegenen Strände Playa de Jarugo und Playa de Tebeto (> Seite 50) gehören mit ihrer Abgeschiedenheit und den Felsformationen, die den feinen Sand durchsetzen, zu den schönsten Stränden Fuerteventuras – auch wenn sie sich zum Baden wegen der heftigen Brandung nicht allzu gut eignen. Die MTB-Tour 3 (> Seite 153) führt von Tindaya in einem weiten Bogen über Tefía zu den Stränden; alternativ kann man sie auch mit dieser deutlich kürzeren und einfacheren Rundfahrt erreichen.

Dabei geht es von Tindaya auf einer Piste direkt zur Playa de Jarugo hinunter. Von dort aus fahren wir an der Küste entlang zur Playa de Tebeto – wahlweise auf der breiten Fahrpiste ein Stück von der Küste entfernt oder mit schönerer Aussicht, aber komplizierter auf den Jeepspuren nahe der Abbruchkante. Dabei sieht man auch einen dritten Strand, die Playa de la Mujer, die allerdings am Fuß eines sehr brüchigen Steilhangs liegt und daher nicht erreichbar ist. Auch die Playa de Tebeto erscheint auf den ersten Blick unzugänglich; hat man den Beginn des Pfades aber erst einmal gefunden, kommt man recht einfach hinunter.

Die beiden Strände sind wild und abgelegen.

MTB-Tour 4: Von Tindaya zur Playa de Jarugo

Anspruch Technik:	• • • • •	*leicht*
Anspruch Kondition:	• • • • •	*leicht*
Länge:	14,5 km	
Höhenunterschied:	Auf- und Abstieg jeweils 150 m	
Fahrzeit:	1:00-1:20 Stunden (ohne Pausen)	

Anforderungen: Kurze, einfache Rundfahrt auf problemlos befahrbaren Pisten. Zwischen Playa de Jarugo und Playa de Tebeto optional auf Jeepspuren an der Küste.

Profil: Straße 0,8 km/5 %, leichte Piste 13,7 km/95 %, schwierige Piste 0,0 km/0 %, Schiebestrecke 0,0 km/0 %.

Orientierung: Der Weg ist unmarkiert, aber kaum zu verfehlen.

Ausgangspunkt: Tindaya.

Variationsmöglichkeiten: Die Tour ist eine kürzere und einfachere Variante von Tour 3 und verläuft teilweise auf der selben Strecke.

Die Tour beginnt am westlichen Ortsrand von Tindaya (von der Kirche 1,3 km Richtung Meer). Dort zweigt bei einer breiten Einmündung mit Verkehrsinsel eine Straße nach Süden ab (m04-01, Holzschild „Playa de Jarugo"). An einer Gabelung nach 130 m rechts auf eine Piste und vorbei an einer Windmühle. An einer weiteren Gabelung 170 m nach der Windmühle links an einigen letzten Häusern vorbei (m04-02). 400 m nach dieser Gabelung treffen wir auf eine kleine Asphaltstraße, der wir geradeaus folgen (m04-03, die halbrechts abzweigende breite Piste wird später unser Rückweg sein). Die Asphaltstraße geht nach knapp 300 m in eine unbefestigte Piste über, der wir jetzt 5,8 km geradeaus bis zur **Playa de Jarugo** folgen (m04-04).

Dort nach rechts auf der breiten Piste Richtung Norden; alternativ kann man Jeepspuren in Küstennähe folgen. Die Playa de la Mujer, die nach 1,7 km passiert wird (m04-05), ist nicht zugänglich. 3 km nach der Playa de Jarugo ist die **Playa de Tebeto** erreicht (m04-06), die breite Fahrpiste schwenkt hier landeinwärts. Der Zugang zum Strand ist schwer zu finden: Am südlichen Rand der Bucht, ungefähr in der Mitte des Steilhangs, befindet sich eine Wasserfurche. Dort beginnt ein Pfad,

m04-01:	28,59137	-13,98982
m04-02:	28,58908	-13,99447
m04-03:	28,58687	-13,99753
m04-04:	28,56840	-14,04737
m04-05:	28,58128	-14,03883
m04-06:	28,59013	-14,03345

MTB-Tour 4: Von Tindaya zur Playa de Jarugo

der hinunter in die Schlucht und weiter zum Strand führt. Von der Playa de Tebeto folgen wir der breiten Fahrpiste, die landeinwärts führt und nach 3,6 km Tindaya erreicht. Kurz vor den ersten Häusern stößt die Piste auf eine Asphaltstraße (m04-03). Ab jetzt sind wir wieder auf dem Weg, auf dem wir gekommen sind. Wir folgen der Straße rund 40 m nach links und verlassen sie in einer Kurve auf die geradeaus führende Piste, die uns an der Windmühle vorbei zum Ausgangspunkt bringt.

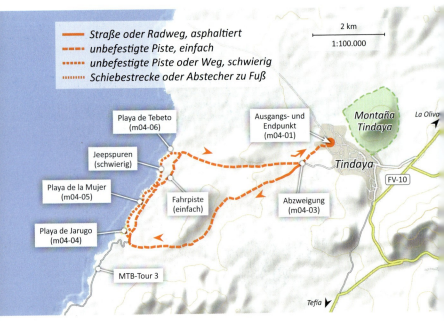

Wanderung 2:

Von Vega de Río Palmas zur Ermita de la Peña

Die Wanderung vom Örtchen Vega de Río Palmas durch die Schlucht Barranco de las Peñitas ist eine der beliebtesten Wanderungen Fuerteventuras – zum einen, weil sie nicht viel mehr als ein Spaziergang ist, zum anderen, weil sie zu einem wirklich hübschen Fleckchen Erde führt: Die nicht allzu lange, aber dennoch durchaus eindrucksvolle Schlucht zieht sich von Vega de Río Palmas ins Tiefland hinunter. Mitten drin drückt sich die winzige, blendend weiß gekalkte Felsenkapelle Ermita de Nuestra Señora de la Peña einsam an den blanken Fels. Die Kapelle steht am legendären Fundort der Marienstatue Virgen de la Peña und ist jährlich im September Ziel einer großen Wallfahrt (> Seite 73).

Der Weg führt zunächst am ehemaligen Stausee Presa de las Peñitas vorbei, der 1939 angelegt wurde, inzwischen aber völlig verlandet und von einem kleinen Wäldchen bewachsen ist. An der Staumauer öffnet sich dann der Blick in die Schlucht, auf einem sorgfältig mit Steinplatten gepflasterten Pfad geht es über Treppenstufen hinunter. Die kleine weiße Kapelle kommt kurz darauf

Die winzige Kapelle liegt inmitten der Felsschlucht.

Wanderung 2: Von Vega de Río Palmas zur Ermita de la Peña

in Sicht und ist nach wenigen Minuten erreicht. Von dort aus kann man auf den schrägen Felsplatten noch zum (meist trockenen) Bachbett hinuntersteigen, aber Vorsicht: Die Felsen sind überraschend glatt! Der Hauptweg führt oberhalb an der Kapelle vorbei bis zum unteren Ende der Schlucht. Es lohnt sich, hier noch 300 Meter bis zu einem schönen Aussichtspunkt zu gehen, bevor man auf dem selben Weg zurückkehrt.

Eckdaten

Anspruch Technik:	● ● ● ● ● *leicht*
Anspruch Kondition:	● ● ● ● ● *sehr leicht*
Länge:	4,2 km
Höhenunterschied:	Auf- und Abstieg jeweils 100 m
Gehzeit:	1:10-1:20 Stunden (ohne Pausen)

Anforderungen: Einfache Kurzwanderung ohne allzu steile Passagen, in der Schlucht ist der Weg gepflastert und mit Treppenstufen versehen.

Orientierung: Der Weg ist größtenteils unmarkiert, aber unmöglich zu verfehlen.

Variationsmöglichkeiten: Diese Wanderung hat den selben Ausgangspunkt wie Tour 3 und kann mit dieser kombiniert werden.

Anfahrt mit dem Auto: Am südwestlichen Ortsrand von Vega de Río Palmas zweigt eine Straße ab, die bergab in den unteren Ortsteil führt. Direkt vor einer Brücke, die ein trockenes Bachbett überquert, befindet sich rechts ein kleiner Parkplatz (w02-01).

Anfahrt mit dem Bus: Keine direkte Verbindung zum Ausgangspunkt. Linie 2 bis Vega de Río Palmas (Kirche), dann dem letzten Abschnitt von Wanderung 3 zum Parkplatz folgen (zusätzlich 3,2 km).

Wanderung 2: Von Vega de Río Palmas zur Ermita de la Peña

Wegbeschreibung

Wir folgen vom Parkplatz aus dem roten Wegweiser Richtung Presa de las Peñitas. Der Pfad führt am steinigen Bachbett entlang und dann am ausgetrockneten und mit Büschen bewachsenen Stausee vorbei. An der Staumauer (w02-02) beginnt ein gepflasterer Pfad, der mit Stufen bergab führt. Kurz darauf wird die Kapelle sichtbar, die nach insgesamt 1,8 km erreicht ist (w02-03). Der oberhalb der Kapelle verlaufende Weg führt in weiteren 300 m zu einem Aussichtspunkt (w02-04). Zurück auf dem selben Weg.

GPS

w02-01:	28,39362	-14,08788
w02-02:	28,38875	-14,10007
w02-03:	28,38865	-14,10303
w02-04:	28,38858	-14,10538

Von der Kapelle kann man noch ein Stück in die Schlucht hinuntersteigen.

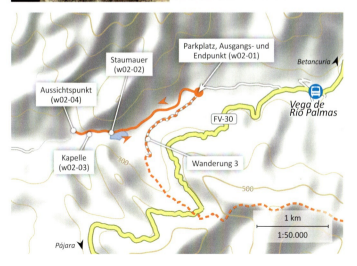

Wanderung 3:

Kammwanderung über Vega de Río Palmas

Diese Halbtagestour im zentralen Bergland ist eine der wenigen Rundwanderungen, die man auf Fuerteventura unternehmen kann, und mit der großartigen Aussicht ein heißer Tipp für anspruchsvolle Wanderer! Zwei Nachteile sollen aber nicht verschwiegen werden: Es lässt sich nicht vermeiden, ein längeres Stück auf kleinen Straßen zurückzulegen, und es ist ein wenig Sorgfalt bei der Orientierung gefragt. Mit Wegmarkierungen sieht's hier nämlich nicht so gut aus, auf dem kurzen Stück von der Degollada los Granadillos muss man sogar weglos aufsteigen.

Das Gelände ist allerdings nicht wirklich schwierig und recht übersichtlich, und wenn man erstmal oben ist, geht es unkompliziert auf einem aussichtsreichen Bergkamm von Gipfel zu Gipfel. Ohne größeren Höhenunterschied führen schmale Pfade über die sanft gerundeten Kuppen von Pico Lima, Gran Montaña und Morro Jorjado hinweg zur Passhöhe Degollada Pechillera. Die Bergkette setzt sich mit dem Morro Janana noch fort; da dieser Gipfel durch einen ganzen Antennenwald verbaut und nicht besonders attraktiv ist, kann man ihn auslassen und hier wieder ins Tal absteigen.

Von der Gran Montaña geht der Blick weit über das Bergland.

Wanderung 3: Kammwanderung über Vega de Río Palmas

Eckdaten

Anspruch Technik:	● ● ● ○ ○ mittel
Anspruch Kondition:	● ● ● ○ ○ mittel
Länge:	11,7 km
Höhenunterschied:	Auf- und Abstieg jeweils 700 m
Gehzeit:	3:00-4:00 Stunden (ohne Pausen)

Anforderungen: Mittelschwere Rundwanderung, überwiegend auf einfachen Wegen. Nur der kurze Aufstieg von der Degollada los Granadillos ist weglos, das Gelände aber nicht allzu kompliziert (mäßig steil, größtenteils über griffige Felsplatten).

Orientierung: Der größte Teil des Weges ist unmarkiert; beim Aufstieg von der Degollada los Granadillos ist die Orientierung etwas kompliziert, der restliche Teil des Weges ist leicht zu finden. **Achtung:** Gehen Sie diese Wanderung nicht bei Nebel, weil Sie sich viel auf Sicht orientieren müssen!

Variationsmöglichkeiten: Diese Wanderung hat den selben Ausgangspunkt wie Tour 2 und kann mit dieser kombiniert werden. Die Gran Montaña kann alternativ auch mit der einfacheren Wanderung 4 bestiegen werden.

Anfahrt mit dem Auto: Am südwestlichen Ortsrand von Vega de Río Palmas zweigt eine Straße ab, die bergab in den unteren Ortsteil führt. Direkt vor einer Brücke, die ein trockenes Bachbett überquert, befindet sich rechts ein kleiner Parkplatz *(w03-01).*

Anfahrt mit dem Bus: Linie 2 bis Vega de Río Palmas (Kirche). Von der Haltestelle Richtung Westen, bei der nächsten Möglichkeit zur Piste im trockenen Bachbett hinunter und dort in die Runde einsteigen.

Wegbeschreibung

Vom Ausgangspunkt aus folgen wir der kleinen Straße noch 1,3 km Richtung Valle de Granadillo/Pájara bis zu deren Ende, dann einer breiten Piste, die nach links Richtung Hauptstraße aufsteigt (w03-02, Wegweiser nach Toto/Pájara). Bei einem letzten, umzäunten Grundstück halbrechts auf einem breiten, steinigen Weg (grün-weiße Markierung) hinauf zur Hauptstraße (w03-03). Wir überqueren die Straße und steigen zur jetzt noch 600 m entfernten Passhöhe Degollada los Granadillos auf (w03-04). Nun folgt das komplizierteste Wegstück: Links oben zieht sich der Bergkamm entlang, den wir erreichen müssen. Direkt über uns ist ein felsiger

Wanderung 3: Kammwanderung über Vega de Río Palmas

Abschnitt, rechts davon stehen zwei einzelne Bäume, ein kleiner links und ein größerer rechts. Wir steigen weglos (am umzäunten Grundstück rechts vorbei) zu diesen Bäumen auf. Kurz vor den Bäumen treffen wir wieder auf einen Pfad, der uns zu einigen aufgegebenen Terrassenfeldern an einem Sattel führt (w03-05). Wir gehen nach rechts den Kamm entlang, umgehen die vor uns liegende felsige Kuppe höhehaltend auf der rechten Seite und gelangen so zu einer Mauer, die sich hinter der Felskuppe den Kamm entlangzieht und uns zum nur knapp 100 m entfernten Gipfel des Pico Lima führt (w03-06). Ab jetzt ist die Orientierung wieder unkompliziert: Vor uns ist die Doppelkuppe der Gran Montaña sichtbar, auf dem linken Gipfel kann man eine Gipfelsäule erkennen. Ein unmarkierter, aber deutlicher Pfad führt uns direkt darauf zu. An der Gipfelsäule der Gran Montaña (w03-07) wenden wir uns nach links auf die Säule des nahegelegenen Morro Jorjado zu, die wir über einen kleinen Sattel nach knapp 400 m erreichen (w03-08).

Dort treffen wir auf den sehr gut ausgebauten Wanderweg FV-31, der von rechts aus dem Tal heraufkommt. Wir folgen diesem Weg nun nach links längere Zeit über den Bergrücken Cuchillo de la Erita hinweg, direkt auf die Antennenanlage des Morro Janana zu. 1,8 km nach dem Morro Jorjado (also weit vor dem Morro Janana) teilt sich der ausgebaute Weg an der Degollada Pechillera (w03-09); wir steigen hier links nach Vega de

GPS	
w03-01:	28,39365 -14,08762
w03-02:	28,38358 -14,09433
w03-03:	28,37908 -14,08813
w03-04:	28,37833 -14,08492
w03-05:	28,37988 -14,08180
w03-06:	28,37923 -14,07690
w03-07:	28,37570 -14,06272
w03-08:	28,37748 -14,05968
w03-09:	28,39260 -14,05500
w03-10:	28,39540 -14,06737
w03-11:	28,39408 -14,07733

Wanderung 3: Kammwanderung über Vega de Río Palmas

Rio Palmas ab (rechts geht es nach Agua de Bueyes). Nach 1,6 km treffen wir auf die Hauptstraße, folgen ihr wenige Meter nach links, unterqueren sie durch ein trockenes Bachbett (w03-10) und gehen weiter am Grund des Bachbetts entlang, bis wir nach knapp 200 m auf einen breiteren Barranco treffen. Dort nach links und nun längere Zeit auf einer breiten Piste am Ortszentrum von Vega de Río Palmas vorbei. Die Piste im Barranco wird nach knapp 1 km von einer Nebenstraße auf einer Brücke überquert (w03-11); wir folgen dieser Straße nach rechts und erreichen nach 1,1 km den Ausgangspunkt.

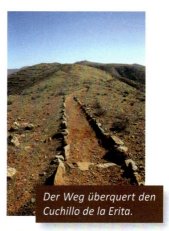

Der Weg überquert den Cuchillo de la Erita.

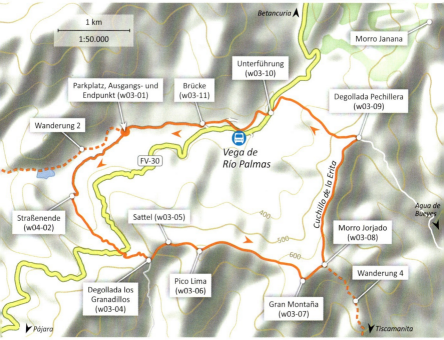

Wanderung 4:

Von Tiscamanita auf die Gran Montaña

Die Hügelkette, die das Tal von Betancuria und Vega de Río Palmas überragt, ist ein reizvolles Wanderziel. Aus Richtung Vega de Río Palmas ist der Aufstieg allerdings recht lang und nicht ganz unkompliziert (> Wanderung 3, Seite 164). Weitaus einfacher hat man es, wenn man die Hügelkette aus Richtung Osten, vom Örtchen Tiscamanita aus, besteigt: Hier gibt es einen durchgehend sehr sorgfältig mit Steinreihen angelegten Weg, den man unmöglich verfehlen kann. Er führt leicht ansteigend zum 681 Meter hohen Gipfel des Morro Jorjado hinauf. Der höchste Gipfel der Hügelkette, die 711 Meter hohe Gran Montaña, ist nicht weit entfernt und auf einem Pfad sehr leicht zu erreichen. Von dort aus öffnet sich der Blick auf das Tal von Vega de Río Palmas, in einiger Entfernung sieht man das Meer. In Richtung Norden setzt sich der mit Steinreihen gesäumte Weg über den Höhenzug Cuchillo de la Erita in Richtung des mit einer weithin sichtbaren Antennenanlage besetzten Morro Janana fort. Für diese Kurzwanderung macht es allerdings Sinn, hier umzukehren und auf dem selben Weg zurückzugehen.

Der Morro Jorjado ist Teil einer langgestreckten Bergkette.

Wanderung 4: Von Tiscamanita auf die Gran Montaña

Anspruch Technik:	• • • • •	leicht
Anspruch Kondition:	• • • • •	leicht
Länge:	6,5 km	
Höhenunterschied:	Auf- und Abstieg jeweils 450 m	
Gehzeit:	1:50-2:20 Stunden (ohne Pausen)	

Anforderungen: *Einfache Kurzwanderung auf Pisten und leicht ansteigenden kiesigen Pfaden.*

Orientierung: *Problemlos, der Weg ist leicht zu finden.*

Variationsmöglichkeiten: *Diese Wanderung ist eine kürzere und einfachere Alternative zu Wanderung 3.*

Anfahrt mit dem Auto: *Am nördlichen Ortsrand von Tiscamanita westwärts Richtung „Centro de interpretación Los Molinos" auf eine anfangs gepflasterte Straße (Wegweiser zum Morro Jorjado), dann 1,2 km geradeaus. Die Asphaltstraße endet an einer Pistenkreuzung bei den letzten Häusern (w04-01, Wegweiser „Morro Jorjado 3,2 km"). Hier parken.*

Anfahrt mit dem Bus: *Keine direkte Verbindung; Linie 1 bis Tiscamanita, von dort 1,5 km zum Ausgangspunkt.*

Wir gehen zunächst geradeaus auf der breiten, leicht ansteigenden Piste Richtung Morro Jorjado/Vega de Río Palmas. Nach 900 m erreichen wir einen überdachten Rastplatz (w04-02) und setzen unseren Weg auf einem von Steinreihen gesäumten Pfad fort, der jetzt etwas stärker ansteigt. 1,9 km nach dem Unterstand ist die Gipfelsäule des Morro Jorjado erreicht (w04-03). Der durch Steinreihen gesäumte Pfad setzt sich nach rechts in Richtung des von einer Antennenanlage besetzten Morro Janana fort. Nach links kann man man hier auf einem Pfad zum 360 m entfernten Gipfel der Gran Montaña gehen (w04-04). Zurück auf dem selben Weg.

Von Tiscamanita aus führt ein hübscher Pfad in die Berge.

Wanderung 4: Von Tiscamanita auf die Gran Montaña

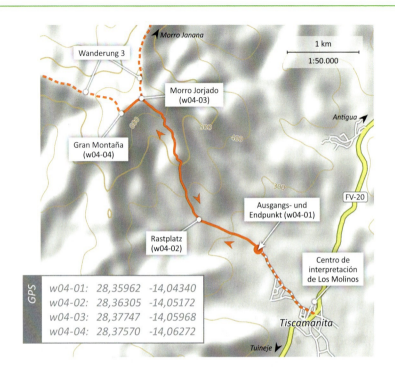

Wanderung 5:

Über den Istmo de La Pared

Von der Küstenstraße aus betrachtet, wirkt der Istmo de la Pared, die wüstenhaften Landenge im Südwesten Fuerteventuras, endlos. Doch ist er an seiner schmalsten Stelle nur gut vier Kilometer breit und kann mit einer einfachen Kurzwanderung, die direkt im Ferienort Costa Calma beginnt, leicht überquert werden. Von dort aus geht es auf Fahrpisten in die Weite des Istmo hinein. Wer genau hinschaut, erkennt am Boden eigenartige Gebilde: Es sind die Nester ausgestorbener Bienen, die hier so zahlreich sind, dass sie sich teilweise zu einer dicken Schicht verbacken haben (➤ Seite 174). Doch auch heute lebt hier mehr, als man in einer Trockenlandschaft erwarten würde: Hin und wieder fliegt eine Schar Sandflughühner (➤ Seite 30) auf, die am Boden praktisch unsichtbar sind.

Nach einer knappen Stunde kommt auf der gegenüberliegenden Seite das Meer in Sicht, und nun ist es nicht mehr weit: Ein sandiger Pfad, auf dem zahllose Fußspuren beweisen, dass dieser Weg gar nicht so selten begangen wird, führt zur Bucht Aguas Liques hinunter. Dort erhebt sich ein flaches Küstenplateau wenige

Bizarre Felsformation prägen die Bucht Aguas Liques.

Wanderung 5: Über den Istmo de La Pared

Meter über das Meer, in der Umgebung gibt es zahllose bizarre Felsformationen von hellem Sandgelb bis zu dunklem Lavagrau. Auf diesem Plateau kann man sich noch einige hundert Meter in beide Richtungen bewegen, bevor der weitere Weg durch Steilhänge versperrt wird. Einen Strand gibt es leider nicht, und ohnehin wäre das Baden angesichts der ziemlich heftigen Brandung eher problematisch. Dennoch ist Aguas Liques ein außergewöhnlich reizvoller, abgeschiedener Ort!

Eckdaten

Anspruch Technik:	● ○ ○ ○ ○ *sehr leicht*
Anspruch Kondition:	● ● ○ ○ ○ *leicht*
Länge:	*8,0 km*
Höhenunterschied:	*Auf- und Abstieg jeweils 100 m*
Gehzeit:	*1:50-2:10 Stunden (ohne Pausen)*

Anforderungen: *Leichte Kurzwanderung auf Pisten und sandigen Wegen.*

Orientierung: *Etwas problematisch, weil es im Gelände viele Pisten gibt, die nicht markiert oder beschildert sind.* **Achtung:** *Gehen Sie diese Wanderung nicht bei Nebel, Sie könnten sich dann leicht verirren!*

Anfahrt mit dem Auto: *Beim zentralen Kreisverkehr in Costa Calma landeinwärts, direkt danach bei einem 2. Kreisverkehr (beim Supermercado Inpescasa) links Richtung Süden, beim 3. Kreisverkehr rechts an einem Sportgelände vorbei und beim 4. Kreisverkehr wieder links. 200 m hinter einer Busstation („Estacion de guaguas") zweigt eine Piste nach rechts ab, die die Schnellstraße mit einer Unterführung kreuzt (w05-01).*

Anfahrt mit dem Bus: *Buslinien 1 und 10 ab Puerto del Rosario oder Morro Jable bis Costa Calma.*

Wanderung 5: Über den Istmo de La Pared

Wegbeschreibung

Wir gehen durch die Unterführung, dahinter auf der Piste links und ein Stück parallel zur Schnellstraße. Wenige Meter nach dem blauen Schild der Abfahrt 68 rechts auf eine kleinere Piste (w05-02) und an der Gabelung gleich danach noch einmal rechts. Von nun an folgen wir der manchmal etwas undeutlichen Piste geradeaus, ungefähr parallel zur Reihe der Windräder und nicht nach links zu den Hügeln hinauf. An einer Gabelung 900 m nach der letzten Abzweigung rechts (w05-03). Etwa 1 km

MTB-Tipp

Der größte Teil der Strecke lässt sich sehr gut mit dem Mountainbike zurücklegen, zumindest bis w05-04. Möglicherweise muss das Rad über kurze Sandverwehungen getragen werden.

GPS

w05-01:	28,16745	-14,22748
w05-02:	28,16712	-14,23393
w05-03:	28,17370	-14,23892
w05-04:	28,18348	-14,24478
w05-05:	28,19045	-14,25095

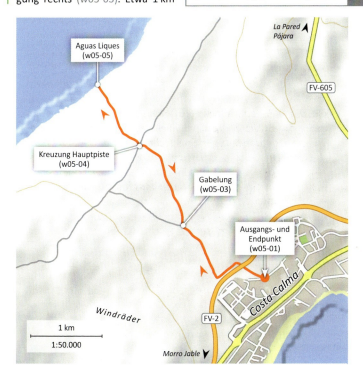

Wanderung 5: Über den Istmo de La Pared

danach kommt vorne das Meer in Sicht, man sieht am Hügelkamm ein niedriges, rechteckiges Schild. Bei diesem Schild, das auf den Vogelschutz hinweist, überqueren wir die längs des Istmo de la Pared verlaufende Hauptpiste (w05-04) und gehen geradeaus auf einem breiten, sandigen Weg mit zahlreichen Fußspuren zur Küste hinunter. Vorbei an einer Steinpyramide wird nochmals eine Piste überquert, kurz danach ist die Bucht Aguas Liques erreicht (w05-05). Zurück auf dem selben Weg; am Beginn leisten die Steinpyramiden und das Schild an der Hauptpiste eine wertvolle Orientierungshilfe.

Die Brandung nagt am weichen Gestein.

Thema: **Fossilien auf Fuerteventura**

Auf dem Istmo de la Pared, aber auch in anderen sandigen Gegenden Fuerteventuras, trifft man immer wieder auf interessante Fossilien: Besonders auffällig sind die Gehäuse kleiner Landschnecken, die stellenweise dicke Schichten bilden. Daneben gibt es eigenartige, wenige Zentimeter lange Gebilde, die wie kleine Gefäße aussehen und aus versteinertem Sand zu bestehen scheinen. Es sind wahrscheinlich die Nester ausgestorbener Pelzbienen aus der Gattung Anthophora. Die solitär lebenden Bienen bauten diese Nester aus feuchtem Lehm und legten vermutlich nur jeweils ein Ei hinein. Diese Relikte sind – ebenso wie die Häuser der Schnecken, die heute nicht mehr hier leben könnten – ein Beleg dafür, dass es auf Fuerteventura nicht immer so trocken war wie heute: Es gab immer wieder kühlere und feuchtere Perioden mit weitaus üppigerer Vegetation.

In sandigen Gegenden findet man die Nester der Pelzbienen.

Wanderung 6:

Auf den Pico de la Zarza

Der Pico de la Zarza ist mit 807 Metern nicht nur der höchste Gipfel des Höhenzuges der Jandía-Halbinsel, sondern die höchste Erhebung der ganzen Insel. Alleine deswegen steht er auf der Wunschliste vieler ambitionierter Wanderer, zumal der Aufstieg technisch völlig unproblematisch ist und lediglich etwas Ausdauer verlangt. Außer der Ambition, den höchsten Gipfel Fuerteventuras bestiegen zu haben, gibt es aber noch weitere Gründe: Die Aussicht von oben ist schlicht atemberaubend, und im Gipfelbereich gibt es eine überraschend üppige Vegetation, die von der hier recht reichlich vorhandenen Nebelfeuchtigkeit genährt wird. Womit wir beim Haken der Sache wären: Da sich die Wolken meist von Norden her auf den Jandía-Höhenzug zu bewegen und an dessen Nordseite aufsteigen, ist der Zarza sehr oft von Wolken eingehüllt, auch wenn es überall sonst auf der Insel sonnig ist. Das mit der Aussicht fällt dann natürlich flach, aber auch im Nebelmeer kann die Tour ein Erlebnis sein.

Die Wanderung ist überraschend unkompliziert: Vom Touristenzentrum Jandía aus führt eine mäßig ansteigende Piste bis fast zum Gip-

Vom Pico de la Zarza hat man eine gigantische Aussicht auf die Playa de Cofete.

Wanderung 6: Auf den Pico de la Zarza

fel hinauf. Die langwierige Latscherei auf der breiten, steinigen Fahrbahn, die sich einen weiten Bergrücken entlangzieht, ist nicht wirklich spannend, immerhin entschädigt dabei die sich langsam aufbauende Aussicht auf die Küste um Jandía sowie auf die monotone Schönheit der sanft gewellten braunen Hänge, die uns umgeben. Erst recht spät kommt der Gipfel in Sicht, und auch dieser erste Anblick ist nicht allzu beeindruckend: Der Pico de la Zarza ist nicht wirklich ein Berg, sondern der höchste Zacken eines langgezogenen Felskammes.

Die Piste wird steiler und steiniger und geht schließlich auf dem letzten Kilometer in einen Treppenweg über, der uns zum Gipfel hinaufbringt. Und hier entfaltet der Zarza dann doch noch ein beeindruckendes Potenzial: Während die Südseite ein sanfter Hang ist, fällt auf der Nordseite eine beängstigende senkrechte Steilwand ab, an deren Fuß, 800 Meter tiefer, die langgezogene Playa de Cofete schimmert.

Eine lange Piste führt über einen Bergrücken hinauf.

Wanderung 6: Auf den Pico de la Zarza

Anspruch Technik:	● ● ● ● ●	leicht
Anspruch Kondition:	● ● ● ● ●	mittel
Länge:		12,7 km
Höhenunterschied:		Auf- und Abstieg jeweils 710 m
Gehzeit:		3:20-4:10 Stunden (ohne Pausen)

Anforderungen: *Eine technisch sehr einfache und nur durch die Länge anspruchsvolle Wanderung, größtenteils auf Piste, im letzten Abschnitt auf mäßig steilem Weg mit felsigen Stufen.*

Orientierung: *Problemlos, der Weg ist unmöglich zu verfehlen.*

Anfahrt mit dem Auto: *Am nordöstlichen Ortseingang von Jandía (beim Ventura Shopping Center) am Kreisverkehr landeinwärts Richtung Vinamar/Campo de Golf, dann die 1. Straße links zwischen den Barceló-Hotels Jandía Playa und Jandía Mar hindurch. Die Straße schwenkt nach rechts und gabelt sich gleich darauf; hier rechts auf das fensterlose weiße Gebäude eines Wasserwerks zu. Nach gut 200 m, noch vor dem Wasserwerk, zweigt eine Piste nach rechts ab; hier parken (w06-01).*

Anfahrt mit dem Bus: *Linie 1, 4, 9 und 10 von Costa Calma oder Morro Jable. Von der Haltestelle beim Centro Comercial Ventura zum Kreisverkehr und dann der Anfahrtsbeschreibung folgen. Zusätzlich 2,8 km (hin und zurück).*

Wir folgen der nach „Pico de la Zarza (La Tablada) 3:20 h" beschilderten breiten Piste, die rechts oberhalb am Wasserwerk vorbei führt. Der Weg ist von nun an eindeutig: Die Piste führt mäßig steil bergauf und geht nach 5,4 km in einen Treppenweg über (w06-02). Knapp 1 km nach dem Pistenende ist die Gipfelsäule erreicht (w06-03). Zurück auf dem selben Weg.

Im Gipfelbereich gedeiht eine besondere Vegetation.

Wanderung 6: Auf den Pico de la Zarza

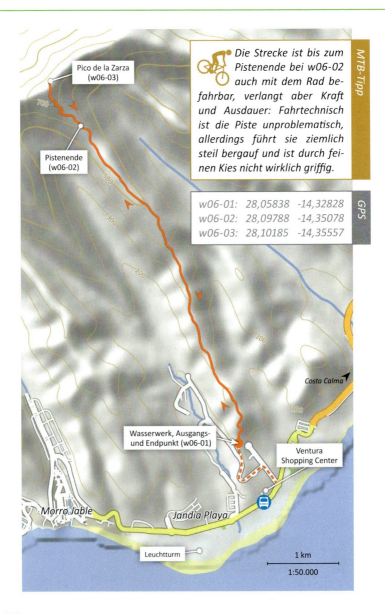

Wanderung 7:

Über die Degollada de Cofete

Die Überschreitung der Jandía-Halbinsel auf dem historischen Weg über den Pass Degollada de Cofete, der bis in die Zeit von Gustav Winter (▶ Seite 113) der Hauptzugang zu dem abgelegenen Dorf war, ist ein Klassiker im Wanderprogramm Fuerteventuras. Und eine recht einfache Tour: Durch das Gran Valle, das „große Tal", geht es sanft ansteigend auf den Talschluss zu, erst auf den letzten Kilometern vor dem Pass wird der Weg ein wenig steiler. Oben bietet sich eine großartige Aussicht auf die Playa de Cofete, allerdings ist der Aufenthalt hier oft durch den scharfen Wind etwas ungemütlich. In Serpentinen geht es dann hinunter nach Cofete und weiter zur Playa de Cofete, wo man die Wanderung noch durch einen Strandspaziergang ergänzen kann.

Viele Wanderer gehen von hier aus auf dem selben Weg wieder zurück. Seit der Einführung der Buslinie von Morro Jable nach Cofete gibt es aber auch die Möglichkeit, mit dem Bus zum Ausgangspunkt zurück zu fahren: Die Fahrt mit dem modifizierten Unimog (▶ Seite 112) ist eine hübsche Dreingabe mit Abenteuerfaktor!

Über die Degollada de Cofete führt der historische Weg nach Cofete.

Wanderung 7: Über die Degollada de Cofete

Eckdaten

Anspruch Technik:	● ● ● ● ●	mittel
Anspruch Kondition:	● ● ● ● ●	leicht
Länge:	7,1 km	
Höhenunterschied:	Aufstieg 310 m, Abstieg 370 m	
Gehzeit:	2:00-2:30 Stunden (ohne Pausen)	

Anforderungen: *Mittelschwere Wanderung, überwiegend auf mäßig steilen, kiesigen Wegen, im letzten Stück vor dem Pass über felsige Stufen.*

Orientierung: *Der Weg ist gut markiert und nicht zu verfehlen.*

Anfahrt mit dem Auto: *Von Morro Jable Richtung Cofete und am Friedhof vorbei. 1,7 km nach dem Friedhof befindet sich rechts der Piste ein größerer Parkplatz (w07-01).*

Anfahrt mit dem Bus: *Linie 111 ab Morro Jable bis Gran Valle, zurück ab Cofete oder Strandparkplatz.*

Wegbeschreibung

Wir folgen am Parkplatz dem Wegweiser Richtung Casas de Gran Valle/Cofete auf den taleinwärts führenden Weg, der nun längere Zeit eindeutig ist. In der Nähe einiger Häuser kreuzt der Weg eine Fahrpiste (w05-02); hier geradeaus Richtung „Cofete (por Gran Valle)". Der Weg führt nun längere Zeit am rechten Hang etwas oberhalb des Talbodens entlang und steigt zuletzt mit einigen Treppenstufen zur Degollada de Cofete hinauf (w07-03). Auf der Nordseite führt der Weg in Serpentinen abwärts und trifft kurz vor Cofete auf die Fahrpiste (w07-04). In Cofete gibt es eine Bushaltestelle beim Restaurant unterhalb des Hügels. Zum Strand hinunter geht es auf der Fahrpiste; dort befindet sich eine weitere Haltestelle im westlichen Teil des Strandparkplatzes beim Friedhof (w07-05).

Wanderung 7: Über die Degollada de Cofete

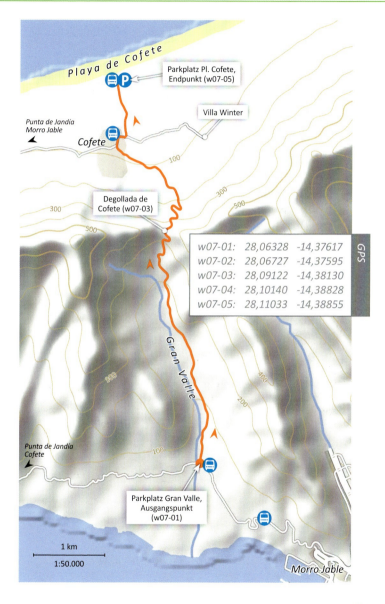

Tipp: **Karten und GPS**

Die in diesem Buch abgebildeten Kartenausschnitte können eine vollständige Karte der gesamten Insel nicht ersetzen. Als topografische Wander- und Radtourenkarte ist derzeit die Ausgabe des Kompass-Verlags im Maßstab 1:50.000 am meisten zu empfehlen:

Kompass Wanderkarte: Fuerteventura (WK 240)
ISBN 978-3-85491-174-6

Nicht alle Wanderwege auf Fuerteventura sind so gut markiert, wie man es sich wünscht. Ein **GPS-Gerät** (z.B. von Garmin) oder auch ein Smartphone mit digitaler Karte vereinfacht die Orientierung erheblich – mit etwas Übung ist damit ein Verlaufen auch bei komplizierten Touren fast ausgeschlossen.

Zur Orientierung mit dem Smartphone hat sich die App **OsmAnd** bewährt, die auf den digitalen Kartendaten von OpenStreetMap basiert. OsmAnd funktioniert auch ohne Netzverbindung, wenn man die Kartendaten vorher herunterlädt!

Meine Empfehlung für digitale Kartendaten ist die **Open MTB Map**, von der es auch eine Ausgabe für die Kanaren gibt. Eigentlich fürs Mountainbiking gedacht, ist diese Karte auch zum Wandern perfekt. Darüber hinaus sind Download und Verwendung kostenlos, es wird um eine Spende gebeten:

www.openmtbmap.com

Die Wegpunkte der Wanderungen sind in diesem Buch im Format Grad/Dezimalgrad angegeben. **Datenpakete** mit Wegpunkten und Tracks können in verschiedenen Dateiformaten kostenlos heruntergeladen werden:

www.maremonto.com/gps/fuerteventura.zip

Register

American Star (Schiff)	79	Gofio	12
Anreise	14	GPS	185
Archäologie	52	Gran Tarajal	90
Archäologisches Museum	68	Guanchen	63, 88
Atlashörnchen	42	Gustav Winter	113
Bergland	75	Höhle Cueva del Llano	44
Betancuria	65	Höhlen von Ajuy	77
Béthencourt, Jean de	70	Hotelbuchung	14
Busse	14	Isla de Lobos	32, 137
Calderón Hondo	41	Istmo de la Pared	96, 171
Caleta de Fuste	86	Jandía (Halbinsel)	106
Caleta de la Madera	108	Jandía (Ort)	102
Calima	11	Jean de Béthencourt	70
Casa de los Coroneles	47	Karten	185
Centro de Arte Canario	49	Käse	13
Centro de Arte Juan Ismael	60	Klima	11
Cofete	109	Kragentrappe	28
Coroneles	46	Kunst (zeitgenössisch)	49, 60
Corralejo	20	La Atalayita	88
Costa Calma	96	La Geria	127
Cueva del Llano	44	Lanzarote	115
Cuevas de Ajuy	77	La Oliva	45
Dunas de Corralejo	24	Las Playitas	91
Ecomuseo de La Alcogida	54	Linienbusse	14
El Castillo	86	Mietwagen	15
El Cotillo	36	Miguel de Unamuno	59
El Golfo	130	Mirador de Guise y Ayoze	62
El Jable	24	Mirador de Morro Velosa	62
Fahrradvermietung	24, 97	Montaña Tindaya	52
Faro de la Entallada	92	Morro Jable	104
Fatbikes	98	Mountainbiking	16
Felsenkapelle	161	Museen	8
Filme	10	Museo del Queso Majorero	81
Fischereimuseum	39	Museo de Pesca Tradicionál	39
Fossilien	174	Norias	68, 77
Freilichtmuseum	54	Oasis Park	94
Geografie	9	Pájara	76
Geschichte	70		

Papas Arrugadas	12
Passat	11
Pico de la Zarza	175
Playa Blanca	59
Playa de Barlovento	110
Playa de Cofete	109
Playa de Janubio	51
Playa de Jarugo	51
Playa de la Concha	34
Playa del Águila	38
Playa del Castillo	38
Playa de los Pozos	59
Playa de Matorral	104
Playa de Ojos	107
Playa de Sotavento	99
Playa de Tebeto	50
Playa Galera	22
Playa Las Clavellinas	22
Playa Los Verilitos	22
Playa Muelle Chico	22
Playa Puerto Remedio	22
Pozo Negro	90
Puerto de Cabras	57
Puerto del Rosario	56
Queso Majorero	13
Reisezeit	11
Salinas de El Carmen	87
Salinas de Janubio	132
Schiffswrack	79
Spezialitäten	12
Streifenhörnchen	42
Surfcenter	99
Timanfaya-Nationalpark	118
Unamuno, Miguel de	59
Ureinwohner	63
Vega de Río Palmas	73
Verkehrsregeln	15
Villa Winter	113
Vögel	28
Vulkane	41, 122
Wallfahrt	73
Wandern	16
Wanderungen	134
Weinbau	127
Windmühlen	55, 81, 83
Winter, Gustav	113
Zoo	94